기본맥점으로
수보기에 강해져라

기본에 충실하면 기력향상은 저절로 따라온다!

기본**맥점**으로
수보기에 강해져라

2판 1쇄 발행 2025년 6월 15일

감 수	목진석
지은이	이하림
발행인	조상현
마케팅	조정빈
발행처	더디퍼런스

등록번호	제2018-000177호
주소	경기도 고양시 덕양구 큰골길 33-170(오금동)
문의	02-712-7927
팩스	02-6974-1237
이메일	thedibooks@naver.com
홈페이지	www.thedifference.co.kr

독자여러분의 소중한 원고를 기다리고 있습니다. 많은 투고 부탁드립니다.

ISBN 979-11-6125-530-9 13690

더디퍼런스 출판사는 다른 시선으로 세상을 담는 책을 만듭니다.

이기는 바둑

목진석 감수 · 이하림 지음

기본맥점으로
수보기에 강해져라

기본에 충실하면 기력향상은 저절로 따라온다!

더디퍼런스

바둑에서 맥은 판을 진행하는 데 대단히 중요한 기술입니다. 맥을 알아야 판을 주도적으로 이끌 수 있습니다. 인간에게도 맥이 제대로 흘러야 건강하듯이 바둑에서도 판 전체에 걸쳐 맥이 흐릅니다. 물론 판이 달라지면 맥도 다르게 흐르겠지요. 맥은 모양의 급소이자 요소입니다. 따라서 맥을 알아야 모양을 효율적으로 만들어 갈 수 있고 여기서부터 판을 주도하는 힘이 나오겠지요.

맥을 돌과 돌의 상관관계에서 바라본다면 가장 기본이 되는 것은 그런 관점에서의 시각적 명칭일 것입니다. 그러므로 맥의 이론은 여기서부터 출발합니다. 그리고 맥의 용도에 따라 실전적 활용으로 넓혀질 것입니다. 그 점을 감안하여 내용을 기획하고 집필했습니다.

구체적으로 이 책은 모두 네 개의 큰 장르로 나누고 다음과 같은 내용을 담았습니다.

1장 '이론형 맥점의 기본' 편은 구사하는 맥의 시각적 형태에 초점을 두었습니다. 가장 기본적인 15개의 유형으로 분류해서 이론적 측면에서 쉽게 이해하고 접근이 되도록 했습니다.

2장 '실전형 맥점의 활용' 편에서는 앞에서 배운 이론적 맥들이 구체적으로 어떻게 활용되는지 실전적 측면에서 접근했습니다. 기본적이지만 좀 더 복잡한 현실적 과제를 해결하며 세련된 맥의 품격을 느낄 수 있을 것입니다.

3장 '해법 모양의 맥점 찾기' 편은 문제 형식으로 된, 한 단계 업그레이드된 맥의 수법입니다. 일련의 맥의 수순을 수법이라고 본다면, 그런 수법을 찾고 문제를 해결하는 과정에 바둑의 묘미를 느낄 것이고 실력도 한층 성장할 것입니다. 중급 기력의 소유자라면 필히 섭렵해도 좋을 내용입니다.

4장 '실전 형세의 맥점 읽기' 편은 실전에 많이 나오는 포석을 토대로 정석 과정이나 이후의 변화에서 과제가 등장합니다. 여기에서는 부분적 모양의 급소도 있지만 사고의 폭을 넓혀 전국적 형세의 요소도 맥으로 취급합니다. 어차피 바둑 기량을 높이려면 부분적 기술과 더불어 전국적 사고가 요구되기 때문입니다. 여기까지 마스터했다면 중급코스를 완성했다고 봐도 무방합니다. 맥의 실전적인 고급 감각에 어떤 식으로든 눈을 떴다면 어디선가 고급자 행세를 할지도 모릅니다.

이 책은 맥에 대한 체계적 학습을 위해 유형별로 세분화하고 기본적인 이해에서 실전적인 활용으로 효과적인 학습이 가능하도록 구성했습니다. 이 책의 특징이자 자랑이라 해도 무방할 것입니다. 더불어 구성에 흥미를 더하고자 각 장의 말미에 '라이브 실전 맥점'이라는 코너를 두어 그리 복잡하지 않은 실전의 맥과 소통하면서 숨을 고르는 시간을 갖도록 배려했습니다.

모쪼록 이 책을 통해 맥점을 터득하며 저절로 수보기의 힘이 강해진다면 기력도 자연히 업그레이드되고 판을 그르치는 절대 실수는 사라질 것입니다. 그런 안정된 기량이야말로 판을 주도하며 승률을 높이는 지름길 아닐까요?

이하림

● 차례

1장 이론형 맥점의 기본 ● 11

2장 실전형 맥점의 활용 ● 75

1
이론형
맥점의 기본

1형 치중의 맥

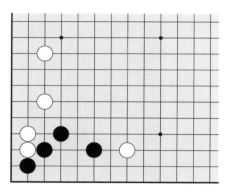

테마1

▨ 테마1 (백 차례)

귀는 화점 정석에서 자주 나오는 모양이다.

　백이 이 귀를 공략하려면 어디가 급소일지 알아본다.

1-1도(단순한 끝내기)

단순한 끝내기 문제라면 백은 1, 3으로 흑집을 줄이며 만족할지도 모른다.

1도

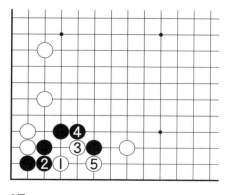

2도

1-2도(근거의 급소)

여기는 백1로 치중하는 것이 근거를 빼앗는 급소이다.

　흑2로 이으면 백3, 5로 연결해 흑이 앞으로 시달릴 모양이다.

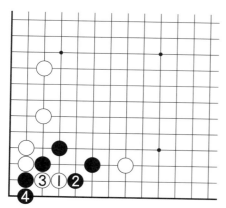

3도

1-3도(저항)

백1 때 축 관계에 따라서는 흑2로 붙이는 저항도 있다.

백3으로 끊으면 흑4쪽으로 늘겠다는 뜻이다.

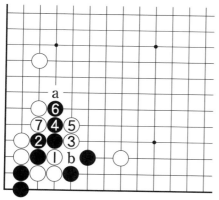

4도

1-4도(축 관계)

그러면 백은 1 이하 7까지 결정하고 나서 a와 b를 맞본다.

결국 a의 축에 따라 운명이 좌우되지만 흑은 축이 불리하다면 이렇게 둘 수 없을 것이다.

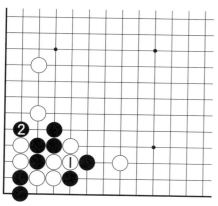

5도

1-5도(백의 손실)

그럼 반대로 축이 불리한 백은 어떻게 대처해야 할까?

우선 백은 앞 그림 흑4 다음 1의 이음을 생각할 수 있다. 그러면 흑2로 두점을 제압해 바꿔치기 양상이지만 백의 손실이 크다.

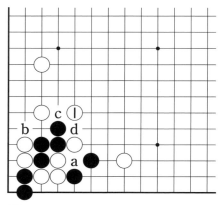

6도

1-6도(대국적 씌움)

이럴 경우에는 차라리 백은 1의 씌움이 대국적인 자세이다. 다음 흑이 a든 b든 백은 c로 조여 두터운 모습이다.

만일 흑b라면 백은 d까지 조이고 a로 이어 완전 봉쇄가 되니 흑은 최악의 상황이다.

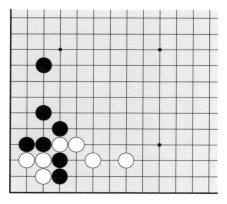

테마2

▨ 테마2 (흑 차례)

귀의 모양은 실전에 자주 접할 수 있는 수상전의 유형이다.

과연 흑은 어떻게 두어야 깔끔하게 이길 수 있을까?

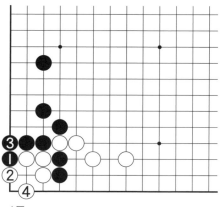

1도

2-1도(최악)

여기서 수상전의 맥을 모르면 흑1, 3으로 젖혀잇는 끝내기로 만족할지도 모른다.

그러나 이건 귀의 백집이 커서 최악의 결과이다.

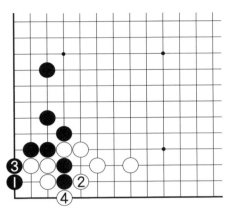

2도

2-2도(앞 그림보다 이득)

사실 끝내기만 따지더라도 흑1로 치중한 다음 3의 선수 연결이면 앞 그림보다 이득이다.

그러나 지금은 수상전을 다루고 있지 않은가.

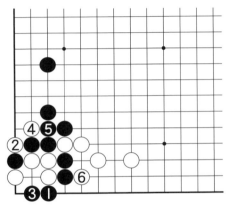

3도

2-3도(1수 부족)

1도 백2 때 흑1, 3으로 공격하는 것은 백4의 단수가 들어 수가 늘어난다.

다음 백6이면 흑이 1수 부족한 모습이다.

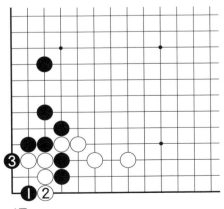

4도

2-4도(정확한 치중)

여기는 흑1쪽 치중이라야 정확하다. 백2면 흑3으로 젖혀 넉점을 잡는다.

백2로 3이면 흑2로 연결해 역시 흑승이다.

2형   마늘모의 맥

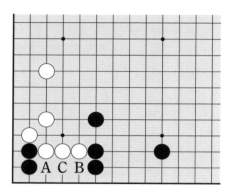

테마1

▨ 테마1 (흑 차례)

흑이 귀의 두점을 구출하려면 하변의 진영과 연결해야 한다. 과연 연결의 급소가 어디인지 알아본다. 다만 급소에 해당하는 지점은 두 군데이다.

참고로 흑A나 B는 백C로 막히는 것이 눈에 빤하다.

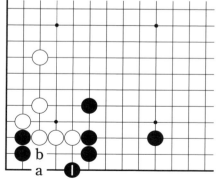

1도

1-1도(잘못 적용된 격언)

흑1은 언뜻 그럴듯하지만 좌우동형은 중앙이 급소라는 격언을 잘못 적용한 사례이다.

백2, 4로 양쪽을 건너붙이면 허술한 연결고리가 끊어지고 만다.

1-2도(연결의 급소)

여기는 흑1이나 a의 마늘모가 연결의 급소이다. 다음 백a면 흑b, 백b면 흑a로 백은 흑의 양쪽 모양을 차단할 수 없다.

2도

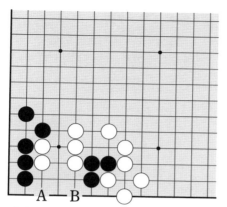

테마2

▓ 테마2 (흑 차례)

흑이 하변의 석점을 구출하려면 귀와 연결해야 한다는 점에서 앞의 테마와 맥락을 같이 한다.

다만 이번에는 급소 지점이 유일하다. 그렇다면 A와 B 중 어디일까?

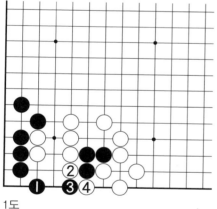

1도

2-1도(패)

무심코 흑1의 마늘모로 연결을 주장한다면 오산이다. 백2, 4면 패가 나기 때문이다.

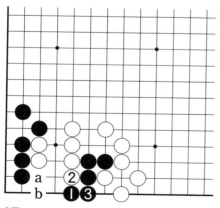

2도

2-2도(정확한 급소)

흑1로 변쪽 마늘모가 정확한 급소이다. 백2로 추궁하면 흑3에 이어 귀와의 연결에 이상 없다.

다음 백a면 흑b로 건너가는 모습이다.

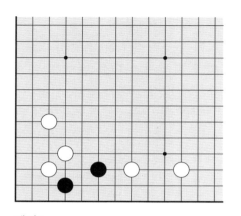

테마3

▨ 테마3 (흑 차례)

포석 시기 흑이 화점에 걸친 후 손을 뺄 경우 흔히 나타나는 모양이다. 근거가 빈약한 흑이 두점을 수습하는 요령을 생각해본다.

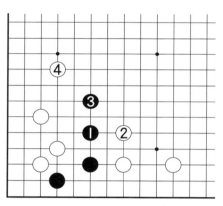

1도

3-1도(피곤한 행마)

중앙으로 한칸 뜀에 악수 없다는 격언대로 흑1로 뛰면 백2, 4로 모양을 확장하며 몰아 흑만 근거 없이 피곤한 모습이다.

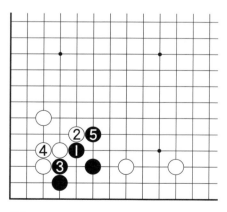

2도

3-2도(모양의 급소)

여기는 흑1의 마늘모붙임이 모양의 급소이다.

　백2로 젖히면 흑3, 5로 근거를 마련하며 헤쳐 나가는 흐름이 좋다.

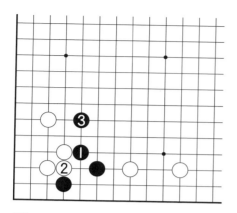

3도

3-3도(활발)

흑1에 백도 2의 곳이 상대의 안형을 빼앗는 급소이다.

그러면 흑은 3으로 뛰어나가는 자세가 활발하다.

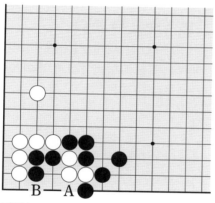

테마4

▨ 테마4 (흑 차례)

이 모양에서 흑이 무심코 A로 석점을 잡으면 백B의 단수를 얻어맞아 아쉬운 장면이다. 이보다 좀 더 이득을 보는 흑의 효과적인 끝내기 수단을 생각해보자.

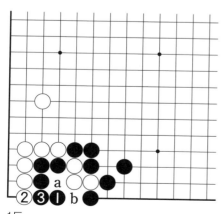

1도

4-1도(2집 이득)

흑1의 마늘모가 교묘한 행마이다. 백2면 흑3으로 일단락이다. 백이 자충 때문에 a와 b를 둘 수 없다는 데 착안한 것이다.

그러면 그냥 잡는 것과 비교해 흑의 2집 이득이다.

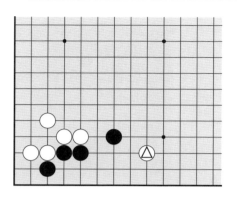

테마1

▨ 테마1 (흑 차례)

백◬로 다가온 장면이다. 흑은 허술한 진영을 어떻게 정돈해야 할지 알아본다.

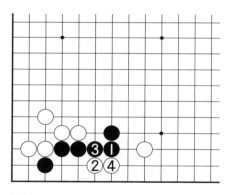

1도

1-1도(안형이 무너진다)

흑1로 나란히 해서 지키면 백2의 치중이 급소가 되며 4까지 흑의 안형이 무너진다.

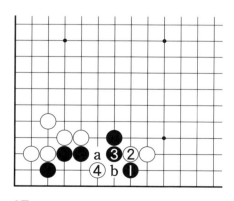

2도

1-2도(욕심)

흑1의 날일자 지킴은 욕심이다. 그러면 백2로 밀고 나서 4의 곳이 보기에도 통렬한 치중이다.

다음 a와 b가 맞보기로 흑이 곤란한 모습이다.

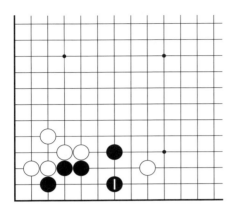

3도

1-3도 (안성맞춤)

여기는 흑1의 한칸 뜀이 안성맞춤의 급소 지킴이다.

그러면 백이 더 이상 흑진을 추궁하기 어렵다.

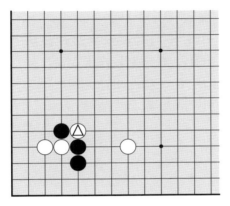

테마2

테마2 (흑 차례)

소목 정석 과정에서 나온 모양인데, 백△로 끊은 장면이다.

여기서 흑이 알기 쉽게 타협하는 처리법을 생각해본다.

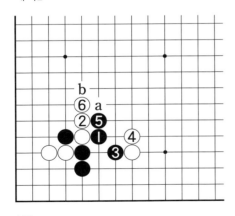

1도

2-1도 (속수 퍼레이드)

무작정 흑1~5로 치고나가는 것은 속수 퍼레이드이다. 자연스럽게 좌변 백진이 두텁게 형성되고 있다.

계속 흑a면 백b로 백진만 커질 뿐이다.

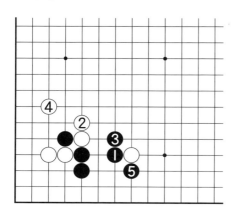

2도

2-2도(타협)

여기는 흑1로 한칸 뛰어붙이는 것
이 급소이다. 그러면 이하 5까지 서
로 모양을 정돈하며 타협한다.

실전에 흔히 나오는 알기 쉬운
정석이기도 하다.

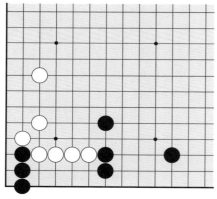

테마3

▨ 테마3 (흑 차례)

귀의 흑 석점을 구출하려면 하변
흑진과 연결해야 한다.

간격이 넓은 만큼 최적의 디딤돌
이 필요한데, 그 지점은 어디일까?

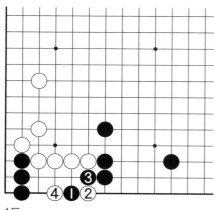

1도

3-1도(차단)

하변에서 흑1의 날일자는 귀와는
두칸 거리인데 백2, 4면 연결이 차
단된다. 적절한 지점이 아니었다.

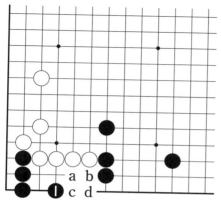

2도

3-2도(탄탄한 연결점)

여기는 흑1이 탄탄한 연결 지점이다. 귀에서는 한칸, 하변에서는 눈목자 행마에 해당된다.

그러면 백이 a~d의 어디를 두더라도 연결을 차단할 수 없다.

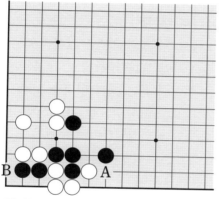

테마4

▨ 테마4 (흑 차례)

귀의 흑과 하변의 백이 수상전을 벌이고 있다.

단순히 흑A면 백B로 두점이 알기 쉽게 잡힌다. 흑의 절묘한 맥점을 기대해 보자.

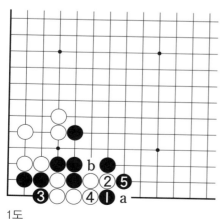

1도

4-1도(절묘한 맥점)

흑1의 한칸 뜀이 절묘한 맥점이다. 백2로 저항하면 흑3, 5로 숨돌릴 사이 없이 몰아 백 전체를 잡는다. 다음 백a면 흑b로 그만이다.

이처럼 부분 접전에서는 1선이 급소로 작용하는 경우가 많다.

23

4형 날일자의 맥

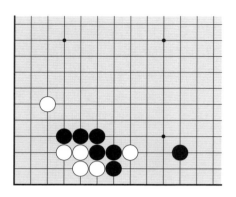

테마1

테마1 (백 차례)

접바둑에서 나올 법한 모양이다. 두 터움에서 밀리는 백은 귀와 변이 연결이 되어야 일단 안심이다.

뒷맛을 남기지 않는 연결의 급소는 과연 어디인지 알아본다.

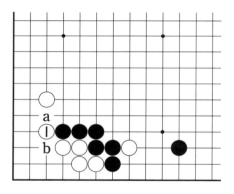

1도

1-1도(불완전)

백1로 두고 완전한 연결이라고 주장한다면 오판이다.

여기서 흑은 백의 뒷맛을 노리는 방법으로 a와 b의 두 가지가 모두 가능한데 일장일단이 있다.

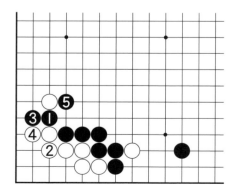

2도

1-2도(흑, 두터움)

먼저 흑1에 백2로 이으면 흑3이 또 선수가 되어 5로 지킨 흑의 자세가 너무 두텁다.

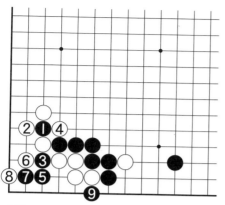

3도

1-3도(백의 변신)

따라서 흑1에 백은 2로 받은 다음 흑3으로 끊으면 이하 9까지 변신할 지도 모른다.

　백 넉점을 주는 대신 변을 선수로 살리는 것이다.

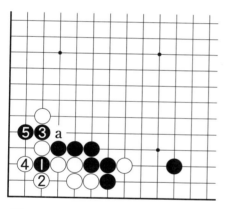

4도

1-4도(확실한 차단)

흑이 확실하게 변을 차단하고 싶다면 1로 끊은 다음 3, 5로 돌파하는 것이 요령이다.

　다만 후수라서 a의 단점이 약간 부각될 뿐이다.

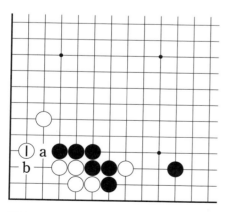

5도

1-5도(확실한 연결)

실은 백1의 날일자 행마가 확실한 연결을 보장한다.

　다음 흑a에는 백b로 늦춰 받아 연결에는 아무 지장이 없다.

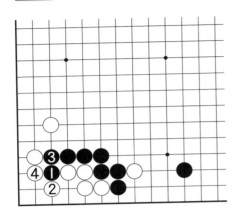

6도

1-6도(연결 수순)

앞 그림 다음 흑1로 젖혀오면 백2로 막아 역시 아무 이상이 없다.

흑3에는 백4로 연결해가는 모습이다.

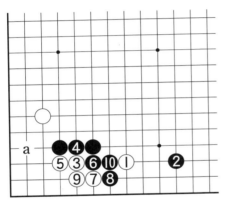

7도

1-7도(과정)

화점 한칸받음에 대해 변에서 백1로 걸쳐 출발한 모양이다. 흑2로 협공하자 백은 3으로 들어간 후 10까지의 변화가 이루어졌다. 다음 a의 곳이 연결의 급소였다.

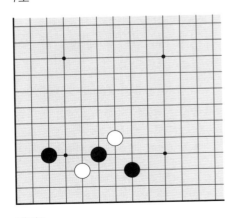

테마2

▓ 테마2 (백 차례)

흑이 백의 밭전자 행마를 가르고 나왔다.

여기서 백이 중앙과 연계해서 귀의 한점을 타개하는 수단을 생각해보자.

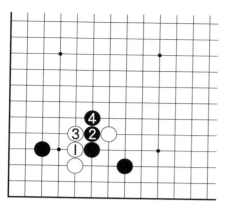

1도

2-1도(속수 행진)

백1, 3으로 죽죽 밀고나가는 것은 속수 행진이다.

중앙 백 한점이 폐석이 되며 두터움을 제공할 뿐이다. 그렇다고 귀를 제압한 것도 아니지 않는가.

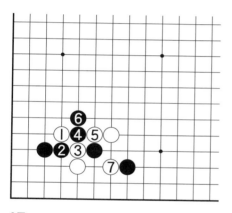

2도

2-2도(효율적 맥점)

백1의 날일자 행마가 산뜻한 맥점이다.

흑2, 4로 나와 끊으면 백5, 7로 변의 흑 두점을 제압해 백의 흐름이 효율적이다.

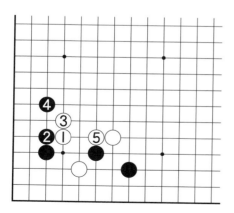

3도

2-3도(맥의 효과)

백1에 흑2, 4로 진출하면 백5로 눌러 두터운 모양이다.

그러고 보면 흑은 하변 모양이 비효율적이다. 맥의 효과를 알 수 있다.

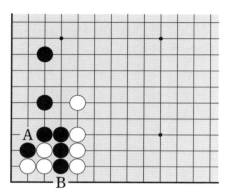

테마1

테마1 (흑 차례)

귀의 백 석점이 단순히 A와 B를 맞보기로 무사하다고 생각하기 쉽다.

그러나 흑이 귀의 특수성을 이용해 기지를 발휘하면 석점을 잡을 수 있다.

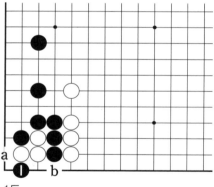

1도

1-1도(절묘)

흑1의 붙임이 절묘한 맥이다. 그러면 일단 백은 a의 단수가 있으므로 b로 건널 수 없다.

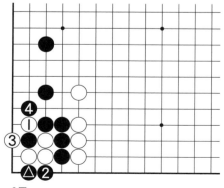

2도

1-2도(백, 잡힘)

따라서 백은 1의 단수가 최선이지만 다음은 간단하다. 흑2, 4면 백이 한점 먹고 잡히는 모습이다.

이때 흑▲의 곳이 백의 연결을 차단하면서 안에서 살지 못하게 하는 급소였다.

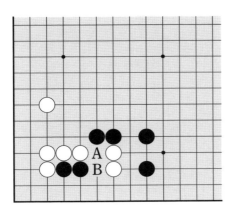

테마2

▨ 테마 2 (흑 차례)

백진의 허술한 틈을 이용해 갇혀있는 흑 두점을 살리고 싶다.

그렇다고 A로 곧바로 약점을 찔러 수상전을 하자는 것은 백B로 막아 보기에도 흑의 욕심이다. 교묘한 타개의 급소는 어디일까?

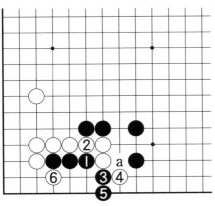

1도

2-1도(독단)

흑1~5로 자체에서 궁도를 넓혀 살자고 하는 것은 백a의 이음을 기대한 것이지만 흑의 독단이다.

백6으로 먼저 뿌리를 공격하면 흑의 본진이 파괴된다.

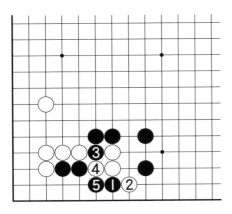

2도

2-2도(교묘한 붙임)

흑1의 붙임이 교묘한 맥이다. 백2로 차단하면 이제야말로 흑3으로 찌르고 5로 연결해 백은 공배가 막혀 꼼짝할 수 없다.

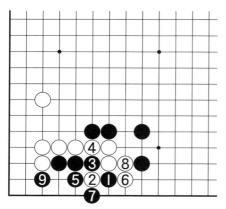

3도

2-3도(사는 수순)

흑1에 백2로 안쪽에서 젖히면 흑은 3 이하로 자체에서 사는 수순을 밟는다. 이하 9까지 여유 있게 사는 모습이다.

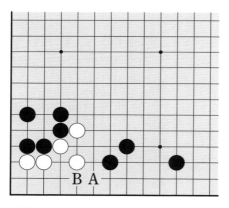

테마3

▨ 테마3 (흑 차례)

A의 곳은 서로 근거의 요소이다. 그런데 흑A, 백B로 진행된다면 귀의 백은 확실한 삶이 보장되어 흑이 아쉬운 장면이다.

뭔가 백의 삶을 괴롭히는 더 강력한 수단은 없는지 생각해본다.

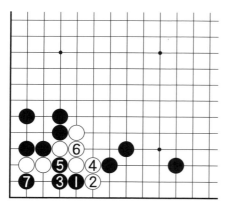

1도

3-1도(백, 두점 잡힘)

흑1의 붙임이 근거를 빼앗는 급소이다.

백2로 차단하면 흑3에 늘고 백4로 이을 때 흑5, 7이면 귀의 두점이 잡히는 모습이다.

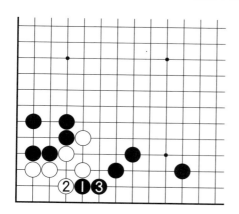

2도

3-2도(백, 안형 부족))

그렇다면 흑1에 백2로 물러서야 하
는데 흑3으로 늘어서 백은 사는 데
필요한 안형이 부족하다. 차후 백은
상당히 시달릴 모습이다.

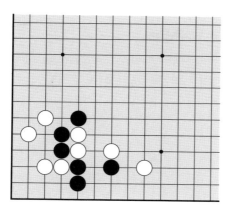

테마4

▨ 테마4 (흑 차례)

이 모양에서 흑이 중앙 백의 요석
을 잡으면 상당히 유리한 바둑이
될 것이다. 어디가 급소일까?

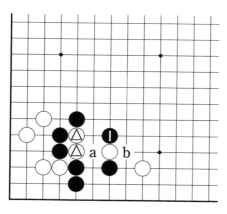

1도

4-1도(껴붙임)

흑1의 껴붙임이 급소이다. 그러면
a와 b가 맞보기가 되어 백△ 두점
은 꼼짝할 수 없다.

6형   젖히는 맥

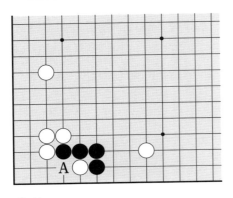

테마1

▓ 테마1 (흑 차례)

흑 모양이 근거가 없어 빈약해 보
인다. 그렇다고 A로 백 한점을 잡
는 것은 후수로 옹졸한 모습이다.

　흑이 근거를 확보하는 효과적인
수법을 알아본다.

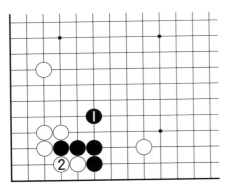

1도

1-1도(불안)

우선 흑이 1로 중앙 진출부터 서두
르면 백2로 근거를 **빼앗겨** 불안한
모습이다.

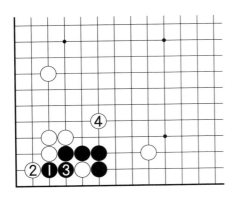

2도

1-2도(중복)

그렇다고 흑1, 3으로 젖혀있는 것
은 후수이며 보기에도 중복이다.

　다음 백4로 중앙 요처를 차지하
면 흑이 답답한 모습이다.

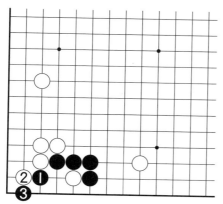

3도

1-3도(이단젖힘)

여기는 귀의 특수성을 살려 흑1로 젖힌 다음 3으로 한번 더 젖히는 것이 요령이다.

그러면 흑은 선수로 귀에 근거를 마련할 수 있다.

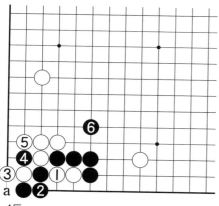

4도

1-4도(자충 유도)

계속해서 백1, 3으로 조여 오면 흑 4로 하나 끊어둔 후 6으로 진출한 다. 하나 끊은 이유는 귀의 자충(a)을 유도해 백 두점을 선수로 잡으려는 뜻이다.

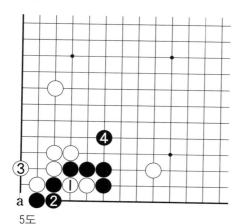

5도

1-5도(일장일단)

경우에 따라 백은 1의 단수 후 3의 호구도 가능할 것이다. 어쨌든 흑은 이런 정도 귀를 마무리하고 4로 진출한다.

그러면 a의 패가 남지만 백도 부담이 크므로 앞 그림과 비교해 일장일단이다.

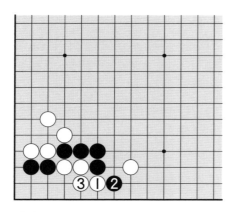

테마2

▒ 테마2 (흑 차례)

귀의 접전에서 백1, 3으로 젖혀이
은 장면이다.

다음 흑은 어디가 수상전의 급소
일까?

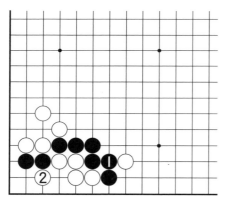

1도

2-1도(이음이면 잡힌다)

당장 눈앞의 약점만 보이면 흑1부
터 이을지 모른다.

그러면 백2로 흑 두점이 잡히는
모습이다.

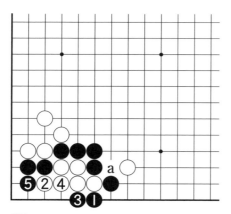

2도

2-2도(수를 줄이는 급소)

여기는 흑1의 젖힘이 수를 줄이는
급소이다. 백2로 저항해도 흑3, 5
로 조여 그만이다. 이 과정에서 백
은 a로 끊을 틈이 없다.

이처럼 공격에는 한 박자 앞서는
자세가 중요하다.

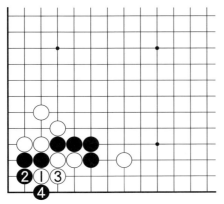

3도

2-3도(수상전의 맥)

애초 귀에서 백이 1쪽으로 젖히고 3으로 이어도 흑4의 젖힘이 수상전의 맥이다.

다음 백이 아무리 저항해도 수가 부족하다.

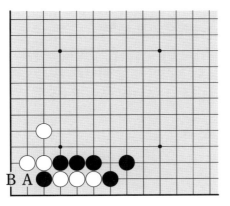

테마3

▨ 테마3 (흑 차례)

귀의 흑 한점이 잡혀 있다고 속단하면 오산이다.

물론 흑A면 백B로 그만이지만 이런 단순한 상황을 역전시키는 교묘한 맥을 생각해보자.

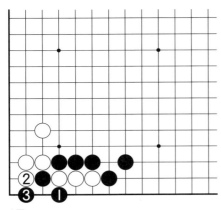

1도

3-1도(패)

흑1의 젖힘이 귀의 특수성을 이용한 교묘한 맥이다.

그러면 백2의 단수에 흑3의 패로 버틸 수 있다.

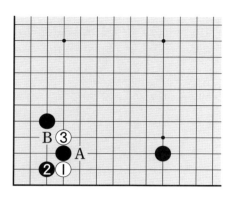

테마1

테마1 (흑 차례)

소목 날일자굳힘에서 변에 벌린 진영을 부수는 데 백1, 3으로 껴붙이는 방법이 흔히 사용된다.

여기서 흑의 적절한 대응책은 무엇인지 알아본다. 물론 흑A는 백B로 뚫려 최악이다.

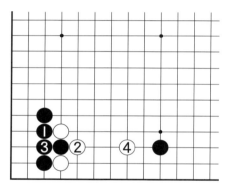

1도

1-1도(안일한 대응)

흑1로 막으면 백2의 단수가 아프고 4로 벌리면 백의 탄력과 자세가 좋다. 흑의 안일한 대응이었다.

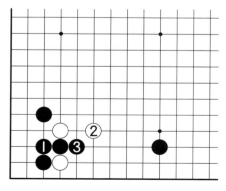

2도

1-2도(요령)

이때는 가만히 흑1로 잇는 것이 요령이다. 백2로 자세를 잡으면 흑3으로 뻗는다.

그러면 백이 탄력을 갖출 여유가 없다. 다만 백은 이 정도 활용한 것으로 만족할 것이다.

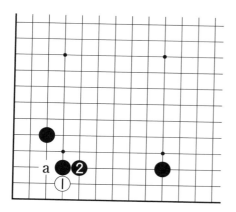

3도

1-3도(일책)

애초 백1로 붙일 때 흑2로 느는 방법도 일책이다.

차후 백a로 귀에 사는 맛은 남지만 흑이 변을 중시할 때 주로 사용된다. 참고로 제시했다.

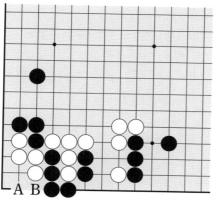

테마2

▨ 테마2 (흑 차례)

귀에서 수상전이 벌어지고 있지만 흑A로 귀를 공략하는 것은 백B로 단수해 흑의 수가 부족하다.

따라서 흑은 하변으로의 연결을 모색하고 싶은 장면이다. 어디가 급소인지 생각해본다.

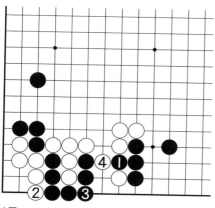

1도

2-1도(자충)

흑1로 연결을 주장하면 오판이다. 백2로 단수한 다음 4로 끼우면 흑은 자충이 되어 꼼짝할 수 없다.

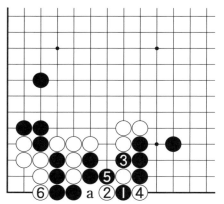

2도

2-2도(백의 버팀)

흑1의 젖힘이 때로는 맥으로 작용하지만 지금은 백2로 버티는 수가 있다.

다음 흑3, 5로 추궁해도 백6으로 단수치면 흑은 a에 이을 수 없어 넉 점이 잡힌다.

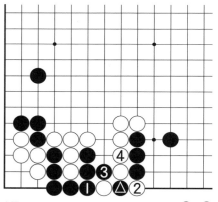

3도　　　　　　　　　　❺…▲

2-3도(중요한 수순)

앞 그림 백2에 흑1의 단수부터 두면 백은 일단 2로 따내는 것이 중요한 수순이다. 다음 흑3, 5로 한점을 따내면 패가 나는 것 같지만 실은 그렇지 않다.

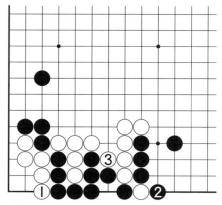

4도

2-4도(촉촉수)

계속해서 백은 1, 3으로 뒤에서 공배를 메우는 수단이 있다.

그러면 촉촉수가 되어 흑 전체가 잡히는 모습이다.

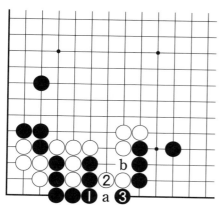

5도

2-5도(침착한 이음)

여기는 흑1로 처음부터 가만히 잇는 것이 절묘한 맥점이다. 백2로 조여오면 흑3의 1선 젖힘이 자충을 피하며 연결하는 2차 맥점이다. 다음 백a면 흑b로 그만이다.

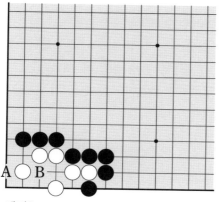

테마3

▨ 테마3 (흑 차례)

이번에는 귀의 사활 문제이다. 귀의 백을 깔끔하게 잡으려면 어디부터 공략해야 할까?

만일 흑A부터 붙이면 백B로 움츠려 패가 난다.

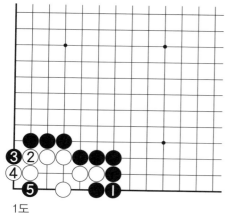

1도

3-1도(사활의 급소)

여기는 가만히 흑1로 잇는 것이 사활의 급소이다.

백2로 궁도를 최대한 넓히면 흑3으로 젖힌 후 5의 치중이 숨통을 끊는 수순이다.

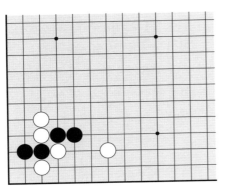

테마1

테마1 (흑 차례)

소목 한칸낮은협공 정석에서 파생
된 모양이다.

여기서 흑은 어떻게 처리하는 것
이 좋을지 알아본다.

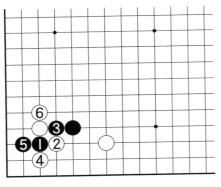

1도

1-1도(과정)

소목 한칸걸침 한칸낮은협공에 대
해 흑1로 귀에 붙일 때 백2~6으로
두는 것은 약간 상대를 현혹하는
수단이다.

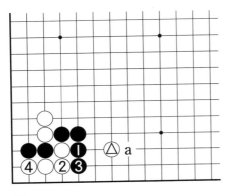

2도

1-2도(백의 주문)

이때 흑1, 3으로 단수해서 막는 것
은 무거운 발상이다. 귀는 귀대로
빼앗기고 변도 백△가 공격하는 위
치에 있어 불안하다.

물론 흑a로 붙여 어느 정도 수습
은 가능하겠지만 엷은 모습이다. 백
의 주문이었다.

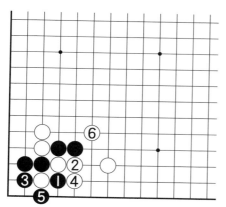

3도

1-3도(기로에서 실족)

따라서 흑은 일단 1쪽에서 끊어 단수하는 것이 요령이며 백2로 나갈 때가 기로이다.

다음 흑3, 5로 귀를 탐하는 것은 백6으로 씌워 흑이 대세에 밀린다.

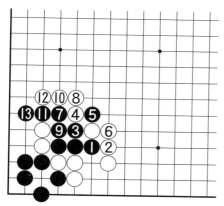

4도

1-4도(소탐대실)

계속해서 흑은 1, 3으로 백진을 헤치며 탈출은 가능하지만 이하 13까지 소탐대실이다.

이 결과 실리는 늘어났지만 백의 외세가 막강한 모습이다.

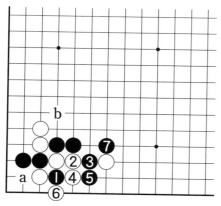

5도

1-5도(정비 요령)

흑은 1로 끊은 다음 3, 5로 치고 내려가 끊은 한점을 버리고 7로 정비하는 것이 좋은 수순이다.

다음 백a가 불가피하므로 흑b로 씌워가면 두터운 모습이다.

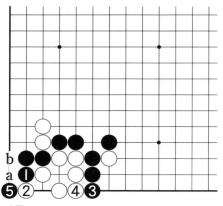

6도

1-6도(패)

앞 그림에서 백이 선수를 잡을 수만 있다면 좋을 것이다.

그러나 손을 빼면 흑1로 꼬부리는 맛이 있다. 백2에 흑3을 선수하고 5로 먹여치면 패가 난다(다음 백a면 흑b).

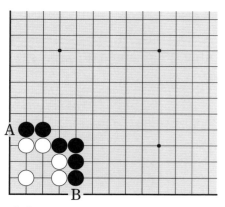

테마2

▨ 테마2 (흑 차례)

귀의 백은 완벽하게 살아있는 모습이다. 다만 흑은 백집을 최대한 줄이며 선수를 유지하고 싶다.

과연 끝내기의 급소는 어디인지 생각해본다. 만일 여기를 방치하면 적절한 시기에 백은 A와 B의 양쪽에서 선수로 젖혀이어 최대한 집을 벌 것이다.

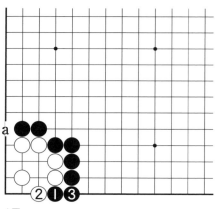

1도

2-1도(젖힐 경우)

흑1, 3으로 어느 한쪽을 먼저 젖혀이으면 백은 다른 한쪽을 선수로 젖혀이을 것이다(여기서는 백a의 젖힘).

그러면 귀는 7집에 선수는 백한테 있다.

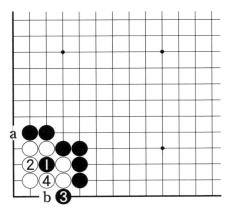

2도

2-2도(1집 이득에 선수)

흑1로 끊는 것이 끝내기의 맥이다. 백2(또는 4)로 잡을 때 흑3을 기분 좋게 선수하고 손을 빼도 된다. 차후 a는 백의 젖혀이음이 된다고 보고 귀는 6집이다(b는 백의 권리).

그러면 흑은 앞 그림보다 1집 이득이며 선수 아닌가.

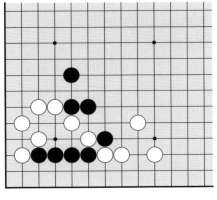

테마3

▨ 테마3 (흑 차례)

귀의 흑진이 안형이 부족해 자체로는 잡힌 모습이다.

타개하자면 중앙과 연결을 도모해야 하는데 과연 급소는 어디일까?

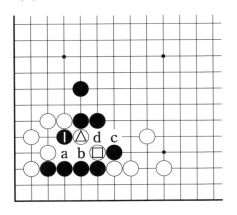

1도

3-1도(절묘한 맥점)

흑1의 끊음이 절묘한 맥점이다. 그러면 백이 어떻게 대응해도 중앙의 요석 ◎와 □ 중 하나는 잡을 수 있다. 가령 백a면 흑b, 백c면 흑d로 그만이다.

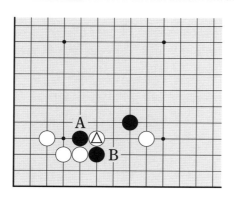

테마1

테마1 (흑 차례)

이 모양에서 백△로 끊어온 장면이다. 여기서 흑은 어떻게 처리해야 좋은지 알아본다.

물론 흑A로 위쪽 한점을 살리는 것은 백B로 하변을 제압당해 최악이다.

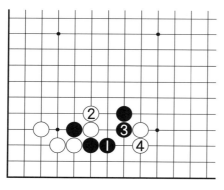

1도

1-1도(하수 발상)

흑1로 하변 한점을 살리는 것은 백2, 4로 공격을 받아 흑의 흐름이 좋지 않다. 부분에 집착한 하수 발상이다.

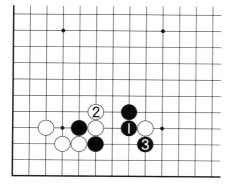

2도

1-2도(미흡)

흑은 1로 누른 다음 백2에 흑3으로 백 한점을 제압하는 것이 앞 그림보다는 훨씬 나은 발상일 것이다.

그러나 백의 자세가 두터워진 만큼 아직 미흡하다.

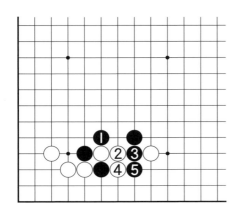

3도

1-3도(관통)

흑1로 단수한 다음 3, 5로 관통하는 것이 멋진 타개법이다.

그러면 흑은 하변 한점을 사석으로 해서 두텁게 처리할 수 있다.

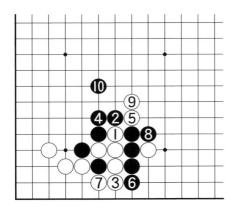

4도

1-4도(여유)

다음 백1로 나오면 흑2, 4로 틀어막는다.

백5로 끊어오면 흑6이 선수가 되어 10까지 흑은 여유 있게 싸울 수 있다.

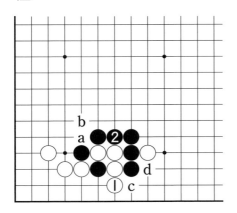

5도

1-5도(흑, 제법 두텁다)

만일 3도에 이어 백1로 물러서면 흑2로 틀어막는다.

다음 백a면 흑b, 백c에는 흑d로 늘어 흑이 제법 두터운 모습이다.

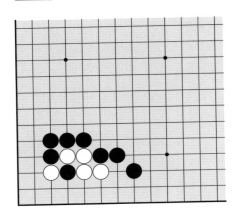

테마2

▨ 테마2 (흑 차례)

이번에는 귀의 사활이 어떻게 될지
생각해본다.

흑은 잡혀있는 한점을 활용해 백
을 사지로 몰아가야 한다.

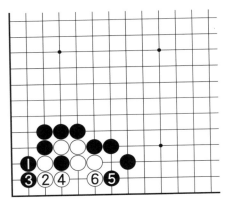

1도

2-1도(끝내기에 불과)

무심코 흑1로 단수하면 이하 6까지
백은 알뜰하게 살아간다. 흑은 끝내
기만 열심히 한 셈이다.

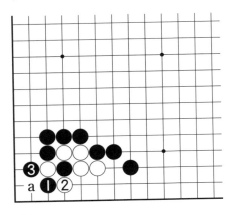

2도

2-2도(패)

흑1 방향으로 단수하는 것이 급소
이다. 백2으로 잡으면 흑3으로 돌
려친다.

그러면 다음 백은 a로 끊어 패를
할 수밖에 없다.

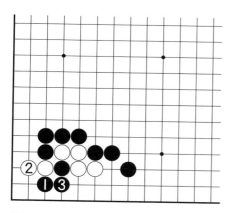

3도

2-3도(흑승)

흑1의 단수에 백이 패를 피하려고 2로 빠지면 흑3에 잇는다.

그러면 이 수상전은 흑승임을 알 수 있다.

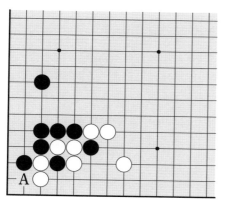

테마3

▨ 테마3 (흑 차례)

하변 백진은 아직 완전하지 않다. 흑이 이곳에서의 맥을 모르면 A의 끝내기로 만족할지도 모른다.

과연 수를 내는 급소는 어디일까?

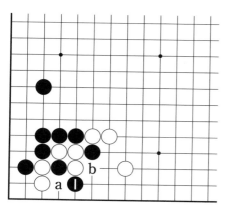

1도

3-1도(맞보기)

흑1로 단수하는 것이 수를 내는 맥점이다.

그러면 다음 백이 a로 잡든 b로 나가든 할 텐데 백a면 흑b로 돌려치고, 백b면 흑a로 이어 백이 곤란한 상황이다.

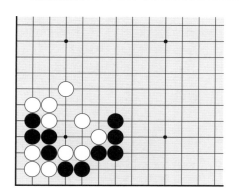

테마1

테마1 (흑 차례)

좌변의 흑 넉점이 죽음 직전에 놓여있다. 귀와의 수상전이 불리한 흑이 살아가는 한 가닥 희망은 중앙 백의 약점이다.

과연 삶의 급소는 어디인지 알아본다.

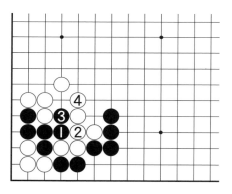

1도

1-1도(평이한 발상)

중앙 백진의 약점을 찾았다고 해도 흑1, 3으로 그냥 평이하게 헤집고 말면 몇 걸음 나가지 못한다. 이제는 더 이상 꼼짝하지 못한다.

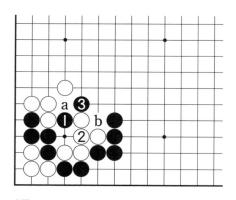

2도

1-2도(환격의 맥)

흑1로 끼우는 것이 타개의 맥점이다. 환격을 피해 백2로 이으면 흑3으로 젖혀 백 5점을 잡을 수 있다. 다음 백a면 흑b로 역시 환격이다.

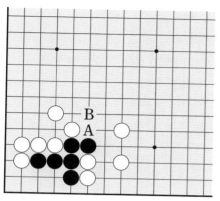

테마2

■ 테마2 (흑 차례)

갇혀있는 흑이 귀에서는 삶의 안형을 도저히 마련할 수 없다. 그렇다면 밖으로 나가야 하는데 그리 쉽지 않다.

과연 탈출의 급소는 어디인지 생각해본다. 물론 흑A는 백B로 막아 그만이다.

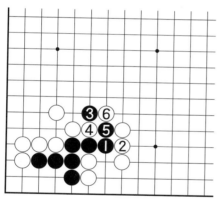

1도

2-1도(소용 없는 테크닉)

흑1로 나간 다음 3으로 뛰는 것이 하나의 테크닉이지만 여기서는 백 4, 6으로 끊어버려 그만이다. 흑은 더 이상 움직일 수 없다.

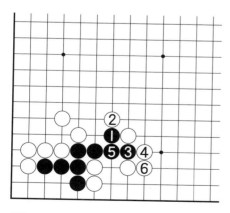

2도

2-2도(틈새를 노리지만)

흑1로 붙이고 3으로 끼우는 것이 백의 틈새를 노리는 강렬한 수법이지만, 백은 아랑곳하지 않고 6에 잇는다.

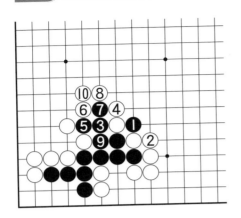

3도

2-3도(탈출이 어렵다)

계속해서 흑은 1~5로 바깥으로 나
가려 애쓰지만 백은 하자는 대로
다 받아준다.

그러면 이하 10까지 결국 덩치만
커질 뿐 탈출하지 못한다.

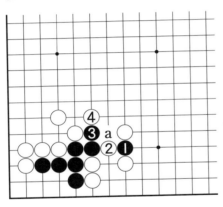

4도

2-4도(탈출 가능)

처음부터 흑1의 끼움이 급소이다.
이때 백2로 단수하면 흑3으로 나간
다음 a의 단수가 듣기 때문에 이제
는 탈출이 가능하다.

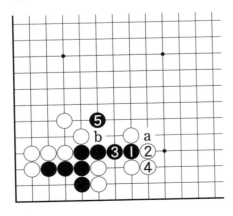

5도

2-5도(경쾌한 수순)

흑1에 백2로 차단하면 흑3으로 이
은 후 백4로 이어야 할 때 흑5의
뜀이 경쾌하다. 그러면 1도와는 달
리 a의 약점 때문에 백은 b로 나가
끊을 수 없다.

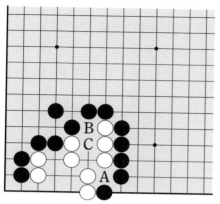

테마3

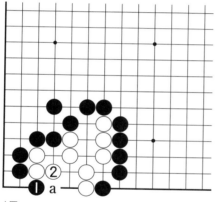

1도

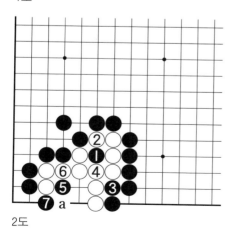

2도

▨ 테마3 (흑 차례)

이번에는 사활 문제이다. 과연 백을 잡는 급소는 어디인지 생각해보자.

흑A나 B는 백C로 한집을 마련하며 공배가 하나 생긴다. 이것이 삶을 보장한다는 데 착안한다.

3-1도(완전한 삶)

흑1부터 공략하는 것은 백2나 a로 막아 양쪽에서 한 집씩 마련한 백이 완전한 삶의 모습이다.

3-2도(사전공작)

흑1로 끼우는 것이 절묘한 맥이다. 그러면 백2, 4로 이쪽에 한집은 마련하지만 공배가 하나도 없는 것이 문제이다. 그런 후 흑5, 7로 공략하면 자충 때문에 백은 a로 먹여칠 수 없다.

흑1부터의 사전공작이 주효해 잡을 수 있었다.

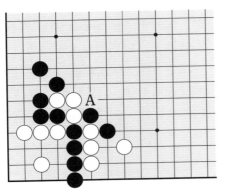

테마1

▨ 테마1 (흑 차례)

흑이 하변 넉점을 살리자면 중앙
백 석점을 잡는 수밖에 없다. A의
축은 흑이 불리하다고 보고, 과연
잡는 맥점은 어디인지 알아본다.

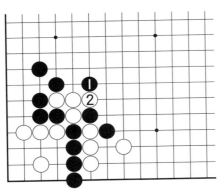

1도

1-1도(성급)

축이 불리한 흑이 생각할 수 있는
바는 뭔가 백을 가두는 수단일 것
이다.

그렇다고 흑1로 다짜고짜 씌우는
것은 백2로 너무 쉽게 탈출한다.

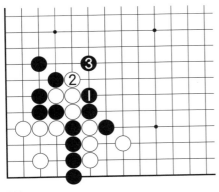

2도

1-2도(고수의 씌움이지만)

흑1로 단수한 다음 3으로 씌우는
것이 뭔가 그럴듯해 보인다.

고수의 바둑에서도 많이 보았던
수법 아닌가.

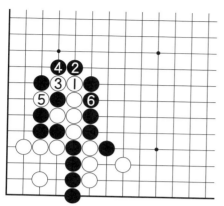

3도

1-3도(독단)

이때 만일 백1로 나간다면 흑2, 4
로 틀어막은 다음 백5에 흑6으로
단수해 완전 백이 그물망에 걸린
모습이다. 그러나 이 수순은 흑의
독단이다.

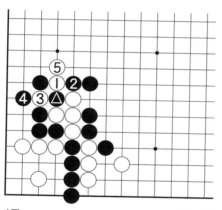

4도   ❻‥△

1-4도(패)

2도 다음 백은 1로 단수해 버틸 것
이다.

　그러면 흑이 2, 4로 공략해 6까
지 패는 내지만 최선의 결과는 아
니다.

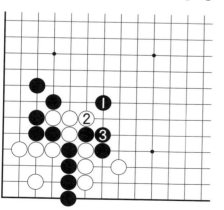

5도

1-5도(단번에 씌운다)

비스듬히 흑1의 씌움이 결정타이
다. 여기서는 이처럼 단번에 씌우는
것이 최선이다. 그러면 백은 외부로
탈출하기 어렵다.

　할 수 없이 백2로 수를 늘려 보
지만 하변과의 수상전은 백의 1수
부족이다.

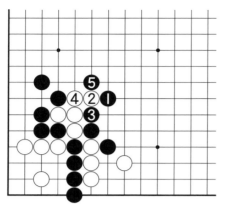

6도

1-6도(축)

흑1에 백2로 붙여 저항하는 것은 소용없다.

그러면 흑3, 5로 간단히 자체 축에 걸린다.

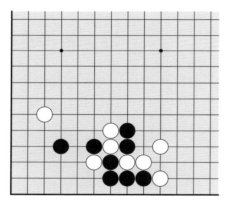

테마2

▨ 테마2 (흑 차례)

이 모양에서 흑의 처리가 그리 쉽지 않다. 자칫 실리에 집착하면 중앙 두터움을 헌납할 공산이 크다.

그래서 흑은 눈엣가시 같은 중앙 백 두점을 사로잡을 계획에 착수한다. 과연 목적을 달성하는 급소는 어디인지 생각해보자.

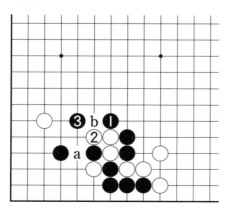

1도

2-1도(교묘한 씌움)

흑1로 단수한 다음 3의 씌움이 교묘한 맥이다.

여기서 백2의 단수에 흑a로 이으면 백b로 흑의 계획이 수포로 돌아가니 주의할 일이다. 이후의 수순도 중요하다.

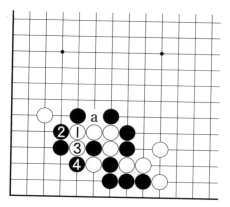

2도

2-2도(찝는 맥)

계속해서 백1, 3으로 한점을 잡으면 흑4로 찝는 것이 맥이다. 그러면 백은 a의 단수를 당하므로 어떻게 저항해도 잡히는 모습이다.

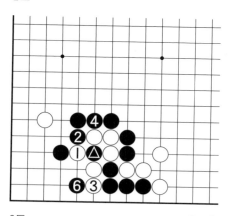

3도
⑤‥△

2-3도(역시 찝는다)

1도 다음 백1로 따낼 때는 흑2로 찝는 것이 맥이며 백3이면 흑4, 6으로 몰아 잡는다.

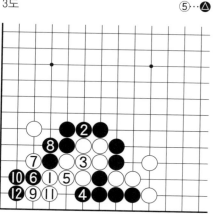

4도

2-4도(이단젖힘)

앞 그림 흑2 때 백1로 젖히면 흑2, 4를 결정한 다음 6의 이단젖힘이 상대의 수를 줄이는 맥이다. 이후는 외길로 12까지 수가 부족한 백 대마의 죽음을 확인할 수 있다.

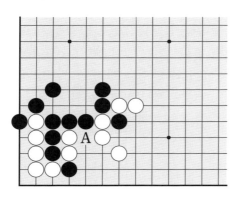

테마1

테마1 (흑 차례)

백진이 이대로 굳어진다면 상당한 모양이지만 자세히 관찰하면 허술한 면이 있다. 그 허점을 파고들어 진영을 부수는 급소는 어디인지 알아본다.

물론 흑A는 백이 자연스레 막아 진영이 굳어질 뿐이다.

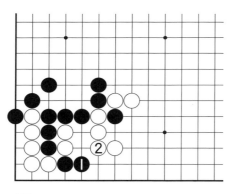

1도

1-1도(막연한 행동)

흑1로 나가서 귀와 수상전을 벌이려는 것은 막연한 바람이다.

백2로 받고 나서 단순히 계산하더라도 흑은 수가 부족하며, 하물며 귀를 점유한 백이 유리한 유가무가 형태 아닌가.

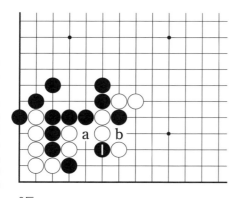

2도

1-2도(모양의 급소)

흑1로 찝는 수가 모양의 급소이다. 그러면 귀든 변이든 어느 한쪽의 백진은 크게 부서진다.

만일 백a로 이어 전체를 살리려 해도 흑b의 단수 한방에 끝장이다.

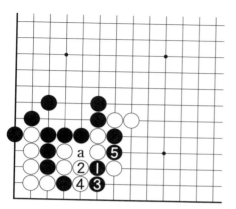

3도

1-3도(백, 두점 잡힘)

흑1에 백2, 4로 귀를 살리면 흑5로 변의 백 두점이 잡힌 모습이다. 다음 백a로 이을 수가 없지 않은가.

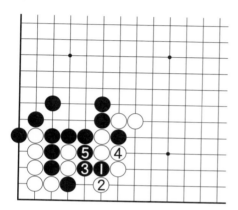

4도

1-4도(백진 파괴)

흑1에 백2, 4로 변을 살리면 이번에는 귀의 백 두점이 잡혀 역시 백진이 크게 부서진다.

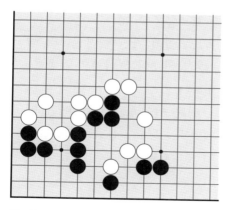

테마2

▨ 테마2 (흑 차례)

흑은 하변을 연결하면서 중앙 석점도 살리고 싶다.

그런 일석이조의 급소는 과연 어디인지 생각해본다.

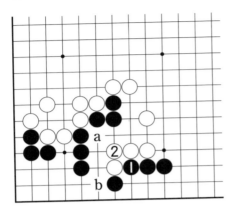

1도

2-1도(맞보기)

흑1로 부딪치는 것은 하변 연결에
만 급급한 행동이다.

백2로 잇고 나면 a의 끊음과 b의
차단이 맞보기가 된다.

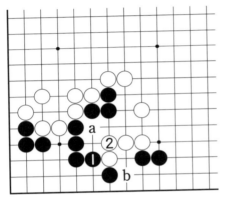

2도

2-2도(역시 맞보기)

흑1의 귀쪽 부딪침은 약간 고민한
흔적은 있지만 백2면 역시 a와 b가
맞보기이다.

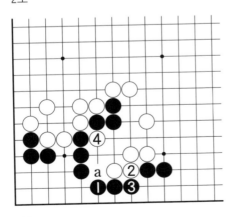

3도

2-3도(같은 이치)

흑1로 늘어 가만히 연결하려 해도
백2가 선수가 되니 4의 끊음은 여
전하다.

같은 이치로 흑1로 3에 늘어도
이번에는 백a가 선수이니 4의 끊음
이 성립한다.

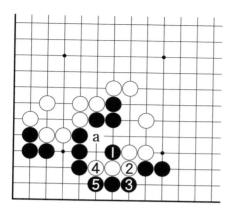

4도

2-4도(양쪽 연결을 보장한다)

여기는 흑1로 찝는 것이 양쪽의 연결을 보장하는 급소이다.

　그러면 백은 고작 2, 4로 공략하는 정도이니 흑은 하변을 연결해가며 a의 끊음도 방비하고 있다.

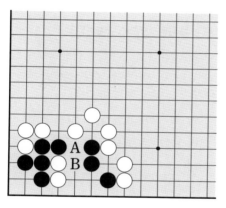

테마3

▧ 테마3 (백 차례)

귀에 갇힌 백 두점이 잡혀있다고 생각하면 오산이다. 오히려 백은 두점을 구출하며 흑 전체를 잡을 수 있다.

　과연 사활의 급소는 어디일까? 단순히 백A로 밀고 들어가면 흑B로 막아 그만이다.

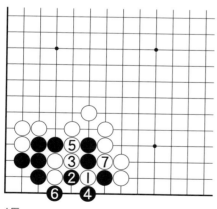

1도

3-1도(흑, 죽음)

백1로 찝는 것이 급소이다. 흑2로 잡을 때 백3, 5로 일단 두점을 구출한다.

　다음 흑6으로 연결할 수 있지만 백7로 안형을 없애면 흑 전체가 죽음이다.

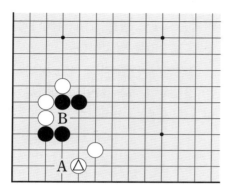

테마1

▨ 테마1 (흑 차례)

화점 양걸침정석에서 파생된 모양
이다. 귀를 엿보는 백△의 마늘모
행마가 야릇한데 흑은 어떻게 대처
하면 좋을지 알아본다.

이때 흑A로 막는 것은 굴복이고
B는 무거운 모양이다.

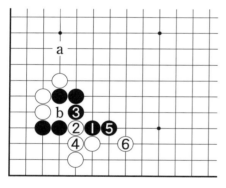

1도

1-1도(백, 흐름이 좋다)

흑1로 머리에 붙이는 것은 백이 노
리고 있던 바이다. 백2로 끼운 후 6
으로 진출하는 흐름이 좋다.

흑은 a의 공격으로 전환하고 싶
지만 b의 약점 때문에 곤란한 상황
이다.

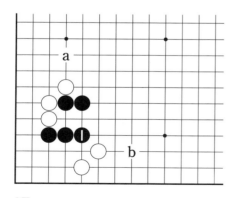

2도

1-2도(두터운 쌍립 수법)

여기는 흑1로 늘어서는 것이 발은
느리지만 두터운 수법이다.

자체로 쌍립 모양이기도 한데,
다음 a와 b의 협공을 맞보기로 노
리고 있다.

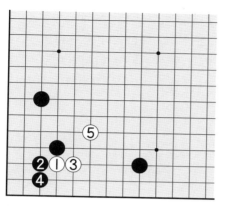

테마2

▨ 테마2 (흑 차례)

화점 양날개 진영에 대해 백이 1로 붙인 후 5까지 삭감하며 자세를 잡고 있다.

흑이 다음 이 백을 어떻게 공격하면 좋을지 생각해본다.

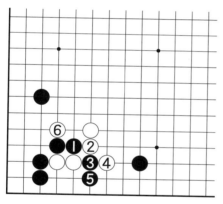

1도

2-1도(백, 좋은 수순)

이때 흑1, 3으로 끊으면 백은 4로 단수해 두점을 버리고 6으로 붙여가는 것이 좋은 수순이다.

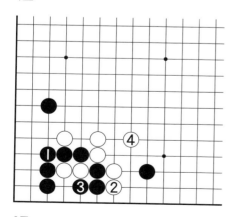

2도

2-2도(소탐대실)

계속해서 흑1로 이으면 백2를 결정한 다음 4로 모양을 갖춘다.

이 결과는 흑이 두점을 잡았지만 백의 자세가 두터워 흑의 소탐대실이다.

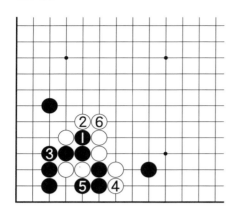

3도

2-3도(백, 두터운 자세)

1도 다음 흑1로 나간다 해도 백은 2, 4를 선수하고 나서 6으로 이으면 두터운 자세를 견지할 수 있다.

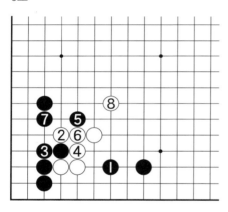

4도

2-4도(성급한 공격)

흑1의 공격은 전체를 압박하려는 의도는 좋지만 성급한 면이 있다.

백2의 붙임이 급소로 작용해 8까지 진출하는 리듬이 경쾌하다.

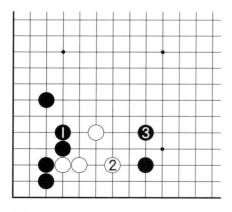

5도

2-5도(엷은 모양으로 유도한다)

지금까지 과정에서 알 수 있듯이 흑1로 늘어서는 수가 백을 추궁하는 맥점이다.

백2로 벌려도 흑3으로 공격하면 백이 엷어 시달릴 모양이다.

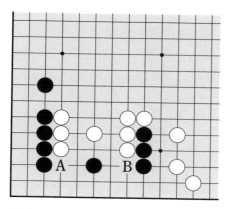

테마3

▨ 테마3 (흑 차례)

흑의 하변이 위험한데 전체를 연결하려면 어디가 급소인지 생각해보자. 단순히 흑A나 B는 어느 한쪽만의 연결이다.

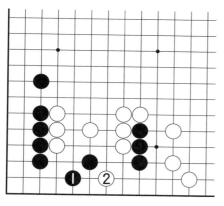

1도

3-1도(차단)

흑1의 마늘모 행마가 때로는 효율적이지만 지금은 백2로 연결이 끊긴다.

흑2의 마늘모라도 마찬가지로 백1이면 역시 차단되는 모습이다.

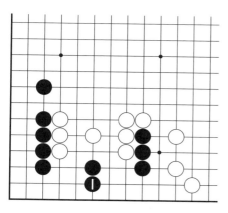

2도

3-2도(연결의 급소)

여기는 흑1로 나란히 서는 것이 연결의 급소이다.

그러면 백은 좌우에서 어떻게 두어도 흑진을 돌파할 수 없다.

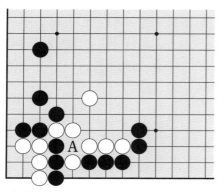

테마1

▨ 테마1 (흑 차례)

자체로 죽어있는 귀의 백 넉점을
확실히 잡으려면 흑도 불안한 석점
을 하변과 연결해야 한다.

과연 연결의 급소는 어디인지 알
아본다. 당연히 A 자리는 자충이므
로 논외이다.

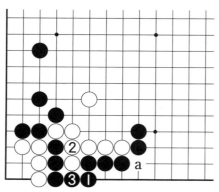

1도

1-1도(촉촉수)

흑1의 단수는 4로 단수해주면 흑2
로 이어 연결하겠다는 뜻이지만 성
급한 생각이다. 백은 먼저 2로 먹여
치고 4로 단수해서 촉촉수가 성립
한다. 다음 흑2로 이으면 백a로 흑
전체가 죽는다.

2도

1-2도(연결의 급소)

여기는 흑1로 1선에 느는 것이 연
결의 급소이다. 그러면 백2로 단수
해 흑3으로 될 텐데, 이번에는 백a
로 끊을 수가 없다.

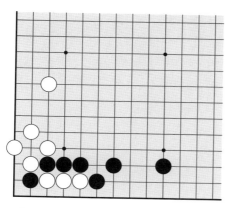

테마2

▨ 테마2 (흑 차례)

귀에서의 수상전이다. 흑은 백 석점을 어떻게 공략하면 좋을지 생각해 본다.

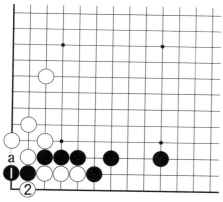

1도

2-1도(흑, 수 부족)

무심코 흑1로 느는 것은 백2로 젖히거나 a로 두어 흑의 수 부족이다.

만일 흑이 이긴다면 집을 최대한 벌겠지만 바둑은 그렇게 호락호락한 게임이 아니다.

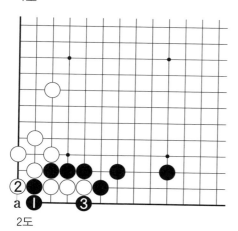

2도

2-2도(수상전의 급소)

흑1쪽으로 느는 것이 수상전의 급소이다. 백2면 흑3으로 1수 승이다. 귀의 특수성이 작용해 백은 a에 들어갈 수 없다.

이처럼 1선에 늘더라도 방향이 중요하다.

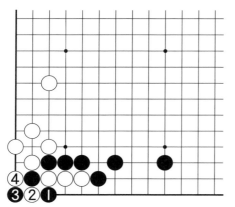

3도

2-3도(패)

귀의 특수성으로 보면 때로는 흑1
의 젖힘도 가능하지만, 지금은 백2
와 4로 연속 먹여쳐 패가 나므로
주의해야 한다.

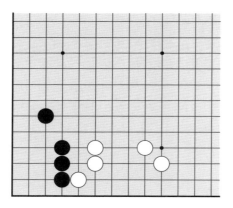

테마3

▨ 테마3 (흑 차례)

흑은 귀에서 백의 선수 끝내기를
먼저 방어하고 싶다. 어디가 끝내기
의 급소일까?

끝내기에서는 한 집이라도 이득
을 보려는 정교함이 요구된다.

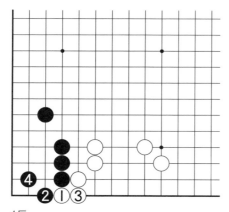

1도

3-1도(선수 젖혀이음)

흑이 귀를 방치하면 백1, 3의 선수
젖혀이음이 크다.

그 전에 흑은 후수라도 이를 방
어하고 싶은 것이다.

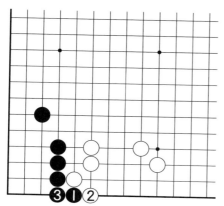

2도

3-2도(역끝내기에 불과)

단순히 흑1, 3으로 젖혀잇는 것은 역끝내기 3집에 불과하다.

　일반적인 끝내기 수단이지만 이 모양에서는 좀 더 효율을 추구하고 싶다.

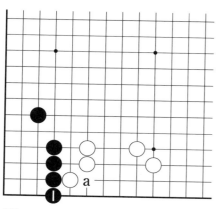

3도

3-3도(효율적 후수)

이 모양에서는 같은 후수라도 흑1로 늘어서는 수가 효율적이다.

　그러면 이후 백 모양의 약점인 a의 껴붙임을 노릴 수 있다.

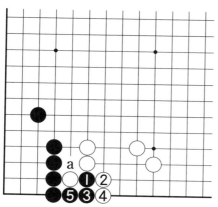

4도

3-4도(이후의 노림)

차후 흑1로 껴붙이면 이하 5까지 되지만, 2도와 비교해 비록 후수라도 흑의 3집 이득임을 알 수 있다 (a는 서로 반반의 권리).

15형   건너붙이는 맥

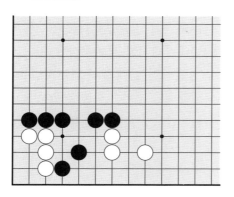

테마1

▨ 테마1 (백 차례)

귀의 백 넉점이 살려면 하변과 연결을 도모해야 한다.

　과연 연결의 급소는 어디인지 알아본다.

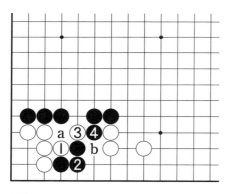

1도

1-1도(응수 두절)

선수랍시고 백1부터 두면 외길로 접어든다.

　흑2로 이은 다음 백3에 젖힐 때 흑4로 막으면 백은 다음 응수가 두절된다. a와 b가 맞보기이다.

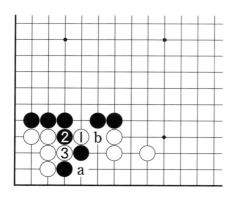

2도

1-2도(모양의 급소)

처음부터 백1의 건너붙임이 이 모양의 급소이다.

　이 자리를 나중에 두면 막다른 외길로 전락하는 것이다. 흑2로 귀쪽에서 막으면 백3으로 찌른 다음 a와 b가 맞보기가 되어 건너가는 모습이다.

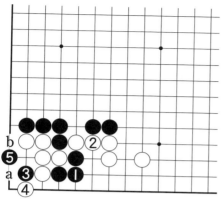

3도

1-3도(귀의 공략)

계속해서 흑은 1로 이은 다음 3으로 붙여 귀를 공략하는 수단이 있기는 하다.

백4에는 흑5의 마늘모가 그나마 맥점이다(흑5로 a는 백b로 귀의 수가 늘어져 수상전은 백승이다).

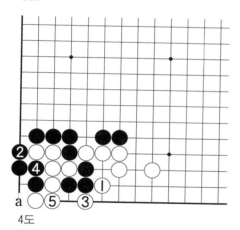

4도

1-4도(억지 패)

그러면 백1부터 서로 수를 줄이며 5까지는 외길이다. 결국 흑a로 먹여쳐 패가 나지만 흑도 패에 지면 부담이 크다. 이미 외곽도 허술해져 있다.

이런 억지 패보다는 차라리 연결해주는 것이 나을지도 모른다.

1-5도(연결)

흑1로 변쪽에서 막으면 백2~6으로 약간 모양은 엷지만 연결해가는 데는 이상 없다.

5도

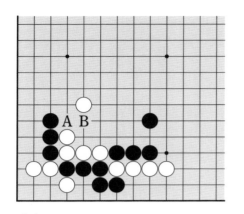

테마2

▨ 테마2 (흑 차례)

지금 하변 흑은 죽은 목숨이지만 중앙 백을 잡으면 기사회생일 것이다. 백의 약점을 공략하는 급소는 어디인지 생각해본다. 물론 흑A는 백B로 그만이다.

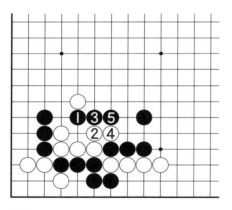

1도

2-1도(백, 1수 부족)

흑1의 건너붙임이 백 모양의 급소이다.

이때 백이 2, 4로 사이드스텝을 밟으며 수상전을 유도해도 1수 부족임을 알 수 있다.

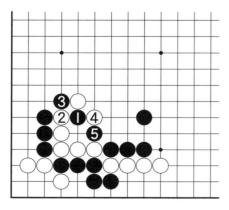

2도

2-2도(환격)

흑1에 백2로 나오면 흑3으로 끊고 백4로 잡을 때 흑5면 환격이다. 백은 꼼짝없이 잡힌 모습이다.

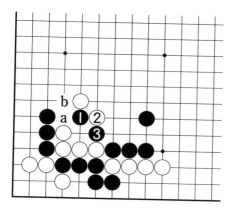

3도

2-3도(젖히면 끼운다)

흑1에 백2로 젖히면 흑3으로 끼우는 것이 이어지는 맥이다. 다음 백a면 흑b로 앞 그림과 다를 바 없다.

만일 흑3으로 a면 백3으로 이어 상황이 역전되니 주의할 일이다.

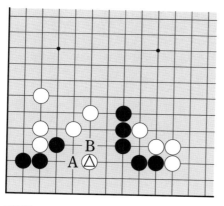

테마3

▓ 테마3 (흑 차례)

백△로 침투해 흑이 좌우로 양분된 형태이다. 흑은 A로 붙여 귀부터 살려야 할텐데 백B로 서면 중앙이 시달릴 모습이다.

그렇다면 좌우 연결이 최선인데 과연 급소는 어디일까?

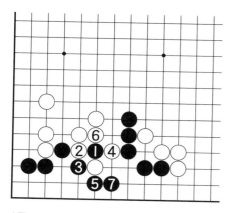

1도

3-1도(연결의 급소)

흑1의 건너붙임이 연결의 급소이다. 그러면 백2에 흑3으로 끊은 다음 7까지 낮은 자세로 연결해간다.

이 과정에서 백이 수상전으로 버텨오면 귀의 수가 많은 흑이 유리하다.

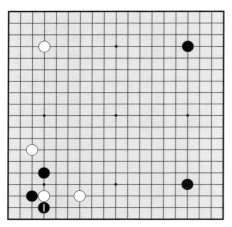

▨ 실전1 (백 차례)

좌하귀 모양은 현대에 개발된 정석 변화이다.

여기서 흑1의 젖힘은 기분에 치우친 수단인데 이를 응징하는 백의 책략은 무엇인지 생각해보자.

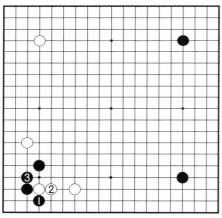

참고도 1(백, 불안)

흑1에 백2로 늘기 쉬운데 그러면 흑3에 연결해 흑은 귀를 최대한 확보하며 단단한 모양이다.

이에 비해 백은 좌변과 하변이 모두 엷어 불안한 모습이다.

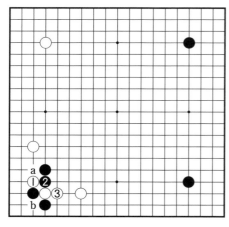

참고도 2(강력한 젖힘)

백1로 같이 젖히며 귀쪽에서 물고 늘어지는 것이 강력한 맥점이다.

흑2로 끊어도 백3으로 늘면 a와 b의 약점이 동시에 생긴 흑이 수습하기 어렵다.

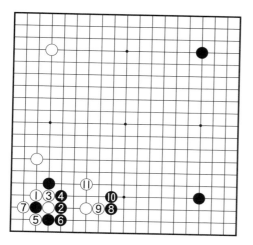

참고도 3(흑, 불리한 싸움)
백1에 흑2, 4면 백5의 단수에 흑
의 다음 응수가 어렵다.

만일 흑6에 잇고 8로 하변을
압박해도 백9, 11로 나오면 흑이
불리한 싸움이다.

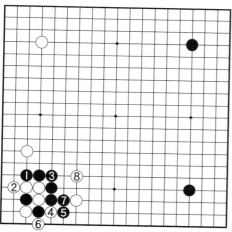

참고도 4(공격대상에 불과)
앞 그림 백5 때 흑1, 3으로 몰고
이으면 백4, 6으로 한점을 잡은
후 8로 움직여 흑은 공격대상에
불과하다.

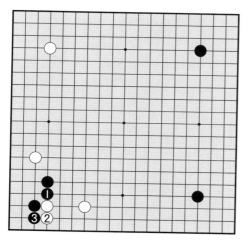

실전2 (백 차례)
이 모양에서 흑1과 백2는 간명한
정석 변화이다.

여기서 흑3의 막음은 귀의 욕
심이 지나친 수단인데 이를 응징
하는 백의 책략은 무엇인지 생각
해보자.

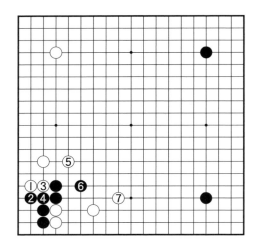

참고도(안형을 공략하는 급소)

백1, 3이 귀의 안형을 공략하는 급소이다.

다음 백5, 7로 추격하면 흑은 미생이라 피곤한 모습이다.

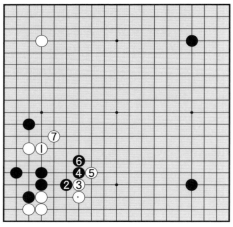

▨ 실전3 (흑 차례)

좌하는 정석이 일단락된 후 백1로 좌변을 확실히 갈라 싸우려는 수단이지만 무리한 감이 짙다.

다음 흑2가 요소로 6까지 진출하면 백7의 탈출이 급하다. 여기서 흑이 하변을 응징해보자.

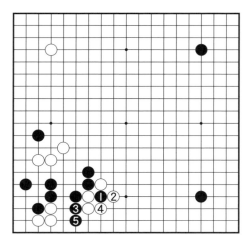

참고도(관통)

흑1의 끊음이 급소이다. 백2로 잡고 싶지만 흑3, 5로 관통하면 귀의 백은 이 자체로 죽음이다.

처음 흑1에 백이 귀를 지키자면 4로 밑에서 단수해야 하는데 흑2로 나가면 흑이 두터워서 만족이다.

2
실전형
맥점의 활용

1형 수상전의 테크닉

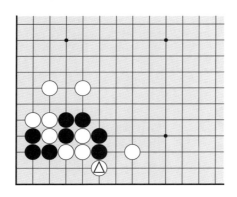

테마1

▓ 테마1 (흑 차례)

귀에서의 수상전. 백△로 젖혀온 장면이다. 여기서 백의 수를 줄이며 진영을 공략하는 급소가 어디인지 알아본다.

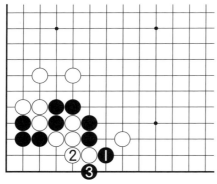

1도

1-1도(서로 실수)

먼저 흑1의 젖힘과 백2의 이음은 서로 실수를 주고받는 수순이다.

그러면 흑3으로 젖혀 결과는 흑 승이다. 실전이라면 이렇게 될 공산이 크므로 주의를 기울여야 한다.

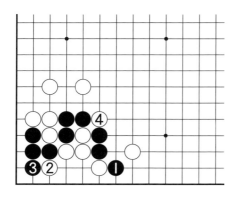

2도

1-2도(파탄)

흑1에는 백2로 귀쪽도 마저 젖히는 것이 수를 늘리는 긴요한 수순이다.

그런 후 백4로 끊어 역습하면 중앙 흑의 파탄이다. 흑은 1의 젖힘이 속수였다.

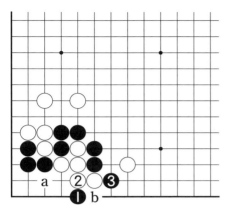

3도

1-3도(치중)

여기는 흑1의 치중이 절묘한 맥점이다.

　백2로 이으면 이제는 흑3에 젖혀 백a든 b든 흑은 먼저 수를 조여갈 수 있다. 물론 흑승임을 확인하기 바란다.

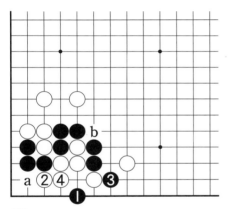

4도

1-4도(수가 늘어난다)

흑1에 백2로 젖힐 때가 문제이다. 여기서 흑3에 젖히면 다된 밥에 재 뿌리는 격이다.

　백4로 이으면 수가 늘어나 a와 b를 맞보기로 흑이 곤란한 모습이다.

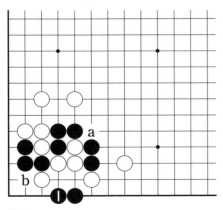

5도

1-5도(늘어서는 수)

앞 그림 백2로 젖히면 흑1로 늘어서는 수가 2차 절묘한 맥점이다.

　그러면 백이 a나 b로 둘 새 없이 잡힌 모습이다.

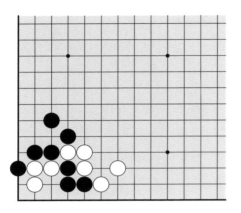

테마2

▨ 테마2 (흑 차례)

역시 귀에서의 수상전이다. 여기서 완벽하게 백을 잡는 급소가 어디인지 생각해본다.

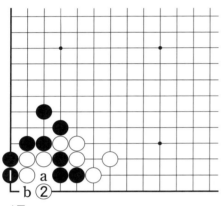

1도

2-1도(패)

흑1로 밀고 들어가면 백2로 마늘모의 맥이 기다린다. 이때 성급하게 흑a로 단수하면 백b로 이어 이제는 완전히 흑의 죽음이다.

　백2 다음 그나마 흑은 b에 먹여쳐 패를 해야 한다.

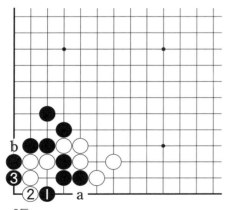

2도

2-2도(수상전의 급소)

흑1의 마늘모 행마가 수상전의 급소이다. 그러면 귀의 백을 완전히 제압할 수 있다.

　흑3 다음 백a에 흑b로 이어 흑의 1수 승이다. 귀의 특수성이 작용한 덕분이다.

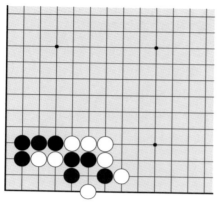

테마3

▨ 테마3 (백 차례)

이번에는 흑을 잡는 문제이다. 귀의 백 두점이 꼼짝 못하고 있지만 떨어져 있는 변의 한점과 손을 잡는다면 상황이 역전될지도 모른다. 수상전의 급소는 어디일까?

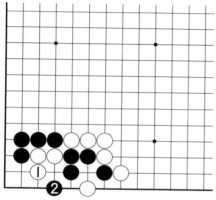

1도

3-1도(단순)

백1로 단순하게 나가면 흑2의 마늘모가 맥이다.

그러면 다음 백이 어떻게 저항해도 수가 부족하다.

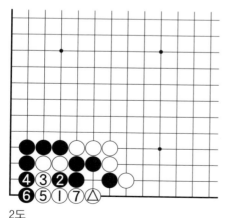

2도

3-2도(절묘한 맥점)

백1로 뛰는 것이 절묘한 맥점이다. 어쨌든 흑은 갇힌 백 두점을 잡으러 가야 하는데 보다시피 백은 7까지 ▲와 연결하며 흑이 잡히는 모습이다.

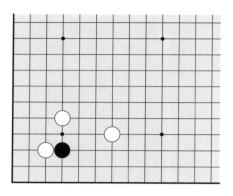

테마1

■■■ 테마1 (흑 차례)

귀에 고립된 흑이 숫자에서 밀리는 상황이다.

이런 열세에도 불구하고 흑이 최대한 봉쇄를 피하며 처신하는 행마의 급소는 어디인지 알아본다.

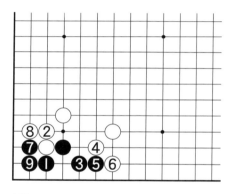

1도

1-1도(봉쇄)

흑1, 3의 호구는 가장 보편적인 행마이지만 백4로 짚어오면 흑은 9까지 귀에 봉쇄되어 다소 불만이다.

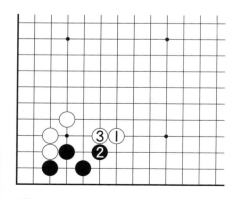

2도

1-2도(급소 자리)

원래 고목 정석 과정에서 백1의 눈목자로 씌우면 흑2가 급소 자리였는데, 앞 그림은 거기를 백이 짚어왔으니 흑이 귀에 몰렸던 것이다.

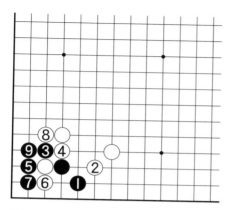

3도

1-3도(교묘한 마늘모)

이런 열세 환경에서는 흑1의 마늘모 행마가 교묘하다.

이때도 백2로 짚으면 이번에는 흑3~9로 귀를 크게 차지해 불만이 없다.

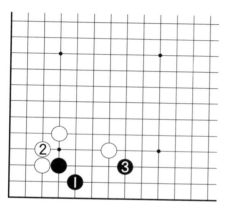

4도

1-4도(변에 진출)

흑1에 백2로 귀를 지키면 이번에는 흑3으로 변에 진출하는 자세가 경쾌하다.

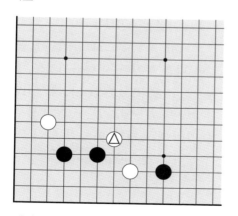

테마2

▓ 테마2 (흑 차례)

이번에는 화점 정석에서 흔히 나올 수 있는 모양인데 백△의 날일자로 강력히 씌워온 장면이다.

여기서 가능한 흑의 적극적인 행마법을 생각해본다.

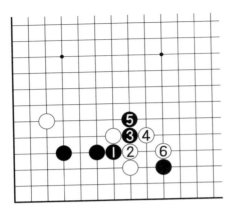

1도

2-1도(백의 주문)

흑1, 3으로 나와끊는 것이 가장 적극적인 수단이지만 백4, 6으로 호구치는 자세가 일단 좋다.

백이 노골적으로 씌울 때부터 바라던 주문일지도 모른다.

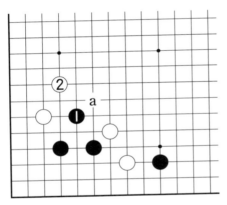

2도

2-2도(느슨한 행마)

흑1의 양날일자는 보기에 무난하지만 달리 느슨한 행마이다.

백2로 받은 다음 a의 봉쇄가 노출되고 하변에 대한 영향력도 약하다. 이런 경우 엷은 행마라 한다.

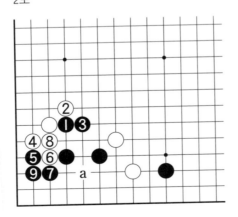

3도

2-3도(이용당할 여지)

그보다는 흑1, 3으로 붙여나오는 것이 나을 것이다. 이하 9까지는 정석적인 진행이다. 다만 이렇게 귀가 결정되면 a가 열려있는 만큼 경우에 따라 이용당할 여지가 있어 약간 찜찜할 것이다.

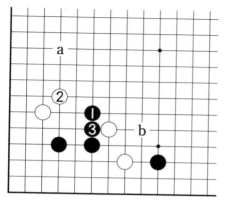

4도

2-4도(힘찬 행마)

흑1로 뛰는 것이 힘찬 행마이다. 이 때 백3으로 나와끊는 것은 백이 사 방으로 엷어지므로 선택할 수 없다.

따라서 백2 정도인데 흑3으로 튼 튼하게 꽉 이으면 두터운 모양이다. 이를 배경으로 흑은 다음 a와 b를 노릴 수 있다.

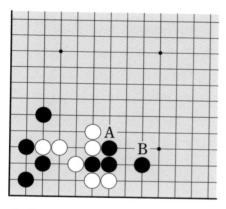

테마3

▨ 테마3 (백 차례)

화점 양걸침정석에서 파생된 모양 이다. 흑이 귀와 변의 양쪽에서 활 발하지만 하변이 어딘지 찜찜하다.

백은 그 약점을 파고들어 두텁게 처리하고 싶은데 행마의 급소는 어 디일까? 참고로 백A는 흑B로 쉽 게 안정한다.

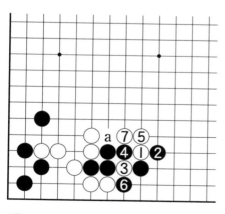

1도

3-1도(모양의 급소)

백1의 붙임이 모양의 급소이다. 그 러면 이하 7까지가 예상되는 진행 인데 백a의 선수까지 가능한 만큼 백은 제법 두텁게 처리한 모습이다.

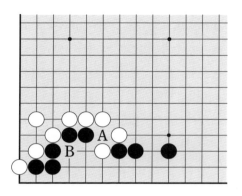

테마1

▨ 테마1 (흑 차례)

하변에서 백이 젖혀왔을 때 무심코 흑A로 끊으면 백B로 흑 석점이 잡힌다.

흑의 좋은 방법은 연결뿐이다. 과연 연결의 급소는 어디인지 알아본다.

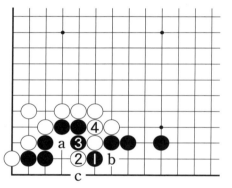

1도

1-1도(이단젖힘)

흑1의 젖힘에는 백2의 이단젖힘이 기다린다. 흑3에는 백4. 다음 흑a로 이으면 백b로 끊어 모두 잡힌다. 따라서 백4에 흑은 c로 석점을 주며 넘어가겠지만 손실이 너무 크다.

1-2도(연결의 급소)

백이 이단 젖혔던 바로 그곳인 흑1의 뜀이 연결의 급소이다.

그러면 a와 b가 맞보기가 되어 피해를 최소화하며 산뜻하게 넘어간다.

2도

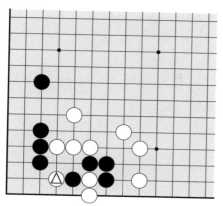

테마2

▨ 테마2 (흑 차례)

하변에 갇힌 흑 넉점이 사는 길은 귀와의 연결뿐이다.

껴붙임인지 건너붙임인지 아무튼 흑의 숨통을 죄고 있는 백△의 존재가 눈엣가시인데 이를 방어하는 급소는 어디인지 생각해본다.

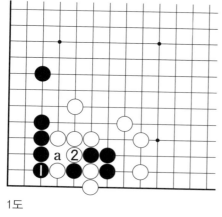

1도

2-1도(죽음뿐)

흑1이나 a는 백2로 흑의 죽음을 확인할 뿐이다.

연결의 맥을 찾지 못했다는 증거이다.

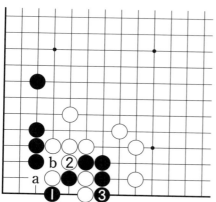

2도

2-2도(연결의 급소)

흑1의 젖힘이 연결의 급소이다. 백2면 흑3의 환격이 기다린다.

다음 a와 b가 맞보기로 백은 귀와의 연결을 차단할 수 없다.

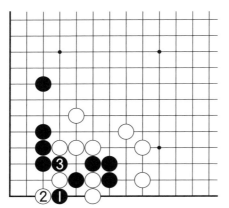

3도

2-3도(위로 넘어간다)

흑1에 백2로 막으면 흑3으로 가볍게 위로 넘어간다.

그러면 백의 손실이 더 커질 뿐이다.

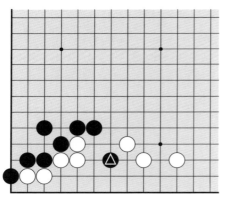

테마3

▨ 테마3 (백 차례)

하변의 백진에 흑▲로 침투한 장면이다.

백이 이를 포획하면 가장 이상적이지만 좌우 연결만 해도 성공이다. 목적을 달성하는 급소는 어디일까?

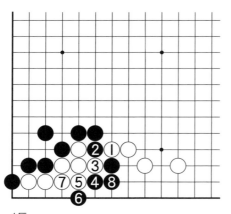

1도

3-1도(백, 1수 부족)

백1, 3으로 끊어 한점을 포획하려는 것은 흑4의 저항이 기다린다.

백5로 막으면 흑6, 8로 단수하고 이어 귀와 변의 수상전인데 백이 1수 부족한 모습이다.

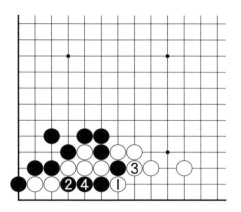

2도

3-2도(백, 두점 잡힘)

결국 앞 그림 흑4 때 백1로 물러서
야 한다.

그러면 이하 4까지 귀의 백 두점
이 오히려 잡히는 결과이다.

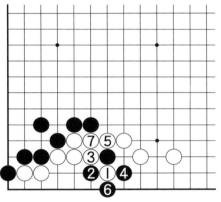

3도

3-3도(교묘한 붙임)

백1의 붙임이 교묘한 맥이다. 흑2
로 젖히면 백3~7로 연결에 성공한
다. 물론 흑도 안에서 살 수는 있지
만 완전 차단하기는 어렵다.

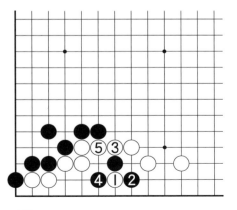

4도

3-4도(슬며시 연결)

백1에 흑2쪽으로 젖혀도 백3, 5로
슬며시 연결해가는 모습이다.

백1의 2선 붙임은 바둑에서 여러
상황을 풀어가는 맥이므로 익혀두
기 바란다.

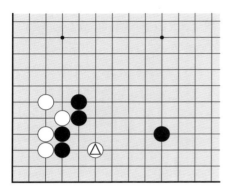

테마1

▨ 테마1 (흑 차례)

백△로 침투해 하변 흑진의 약점을 노리고 있다.

백이 좌변 벌림을 생략한 상태에서는 다소 성급한 느낌도 드는데, 흑은 어떻게 대응하면 좋을지 알아본다.

1-1도(백의 활용)

흑1로 약점을 곧이곧대로 이으면 백2, 4로 젖혀잇는 것이 기분 좋은 활용이다.

다음 흑a로 잇자니 b의 맛이 남고, 그렇다고 b의 보강도 매듭이 생겨 흑진이 엷다.

1도

1-2도(방어의 맥)

여기는 흑1로 내려서는 것이 방어의 맥이다. 앞 그림에서 백이 젖혔던 그 자리이기도 하다.

백2로 곧장 끊으면 흑3, 5로 단수하며 이단 젖히는데 백6으로 끊을 때 잘 두어야 한다.

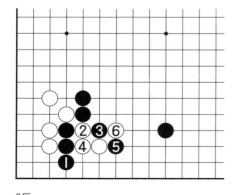

2도

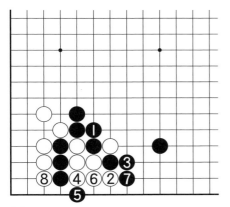

3도

1-3도(세력이 볼품 없다)

계속해서 흑1로 이으면 백2 이하 8 까지 필연인데 귀에서 벌어들인 백 의 실리에 비해 흑의 세력은 볼품 없다.

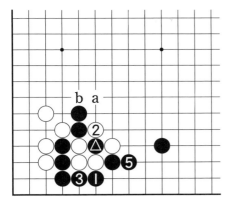

4도　　　　　　　④…△

1-4도(돌려치는 맥)

2도 다음 흑은 1, 3으로 돌려치는 것이 맥이다. 백4에 이을 때 흑5로 하변을 정비하면 양분된 백이 엷은 모습이다.

　다음 백a로 씌워도 흑은 b로 밀 어가며 좌변을 노릴 수 있어 충분 하다.

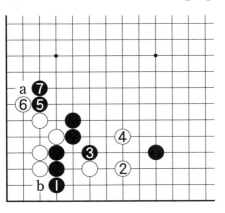

5도

1-5도(좌변 압박)

흑1에 백2로 늦추면 흑3으로 보강 해 놓고 백4로 진출할 때 흑5, 7로 이번에는 좌변을 압박한다.

　그러면 백은 a와 b의 자리가 급 해져서 자연스럽게 흑은 더욱 두터 워진다.

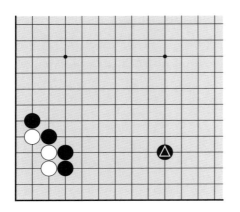

테마2

▨ 테마2 (백 차례)

화점 3三침입에서 파생된 모양이
다. 흑▲의 높은 벌림을 고려해 백
이 하변을 공략하는 수단을 생각해
본다.

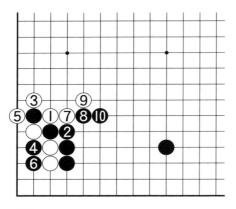

1도

2-1도(흑, 웅장한 자세)

백1, 3으로 한점을 잡은 다음 10까
지의 진행이면 귀와 하변으로 이어
진 흑의 자세가 웅장하다.

물론 백이 좌변을 키우고 싶다면
가능하겠지만 지금은 하변이 초점
이다.

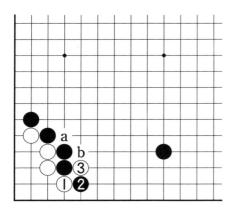

2도

2-2도(공략의 맥)

백1로 젖힌 다음 3으로 끊는 것이
하변을 공략하는 맥이다.

그러면 흑은 a로 잇거나 b로 버
티는 수단을 생각할 수 있다.

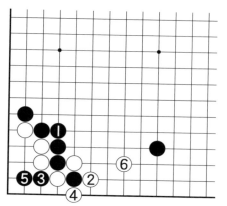

3도

2-3도(변으로 전환)

흑1로 이으면 백은 6까지 귀를 내주고 변으로 전환할 수 있다. 이 경우의 정석이기도 하다.

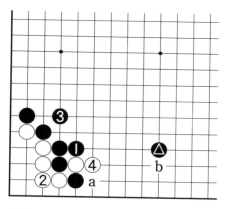

4도

2-4도(하변 배석의 위치)

2도 다음 흑1로 단수해 버티는 것은 백2, 4로 잇고 나가는 수가 있다. 그러면 흑은 ▲가 높은 만큼 a로 밀고 나가기가 어렵다. 설사 밀고나간 후 귀를 잡더라도 그동안 백에게 상당한 두터움을 주므로 소탐대실이다.

따라서 이 진행은 흑▲의 위치가 b로 낮게 있을 때나 가능하다.

2-5도(백, 실리가 크다)

그렇다고 앞 그림 백2 때 흑1로 따내면 백2, 4로 귀에서 좌변으로 이어지는 백의 실리가 크다.

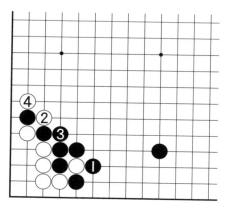

5도

5형 집안의 숨어있는 수단

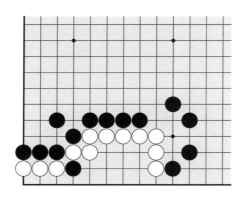

테마1

▨ 테마1 (흑 차례)

백집 안에는 흑 한점이 묵묵히 잡혀있다.

이 한점을 활용해 백집을 부수는 교묘한 수단을 생각해본다.

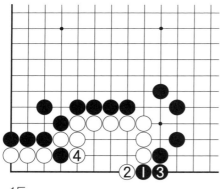

1도

1-1도(백집 완성)

집안의 숨은 맥점을 이해하지 못하면 그냥 흑1, 3으로 젖혀잇는 끝내기로 만족할지도 모른다.

그러면 백4로 지켜 이제는 백집이 완성된다.

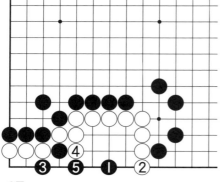

2도

1-2도(교묘한 치중)

흑1의 치중이 교묘한 맥점이다. 백2로 차단하면 흑3으로 젖힌 다음 백4에 흑5로 패의 수단이 기다린다. 흑3은 5의 곳에 먼저 두어도 결과는 마찬가지다.

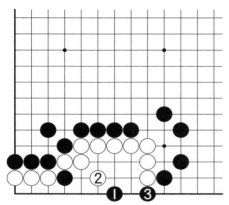

3도

1-3도(연결)

따라서 흑1에는 백2로 지키는 정도
이니 흑3으로 건너가서 집으로 큰
이득을 얻는다.

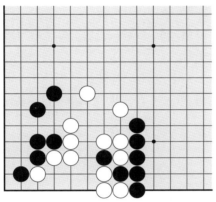

테마2

▓ 테마2 (흑 차례)

역시 잡힌 흑 한점을 활용해 백집
안에서 수단을 찾아내야 한다.

　과연 이득을 보는 급소는 어디인
지 생각해보자.

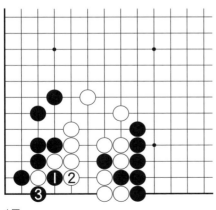

1도

2-1도(평범)

흑1, 3으로 한점을 잡는 것은 너무
평범하다.

　물론 맥을 모르면 이렇게 둘 것
이다.

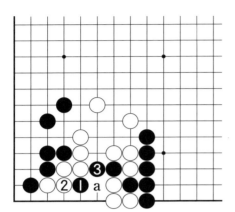

2도

2-2도(자충 유도)

여기는 흑1의 붙임이 급소이다. 백
2로 이으면 흑3으로 나간다.

다음 a의 곳이 자충으로 백 석점
이 잡힌 모습이다.

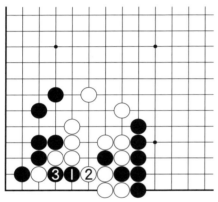

3도

2-3도(흑의 이득)

그러므로 흑1에는 백2로 후퇴해야
한다.

다음 흑3으로 한점을 잡으면 1도
와 비교해 3집반 정도의 이득이다.

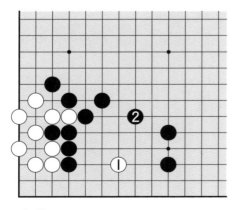

테마3

▨ 테마3 (백 차례)

하변 흑진에 백1로 특공대를 투입
하자 흑2로 어디 살테면 살아봐라
하고 차단한 장면이다.

그런데 여기는 유명한 맥으로 백
이 수단을 낼 수 있다. 과연 그 수
순을 밟아보자.

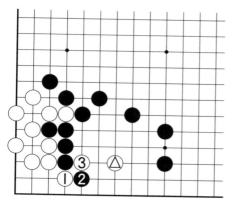

1도

3-1도(교묘한 수순)

백1로 젖힌 다음 3으로 끊는 것이 교묘한 수순이다.

　그러면 흑이 어떻게 대응해도 백 △의 작용으로 수가 난다.

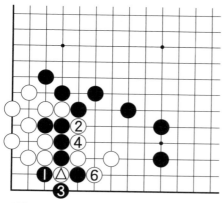

2도

❺…△

3-2도(흑, 잡힘)

계속해서 흑1로 한점을 잡으면 백2 이하 6까지 흑 전체가 잡히는 모습이다.

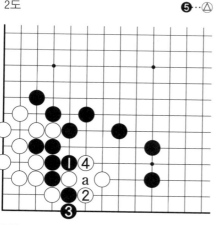

3도

3-3도(패)

따라서 1도 다음 흑은 1로 단수하는 정도인데 백2, 4의 수순으로 패가 나는 모습이다.

　만일 흑3으로 a에 따내도 백은 역시 패를 토대로 3으로 넘을 수 있다.

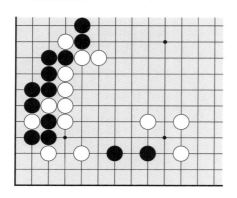

테마1

▨ 테마1 (흑 차례)

좌변은 외목 정석에서 나온 모양인
데, 하변에 흑 두점이 고립되어 있
다. 아직 귀가 완전하지 않은 점을
이용해 타개 수단을 구해본다.

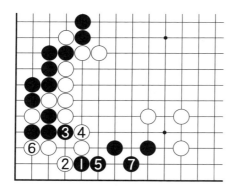

1도

1-1도(밑붙임)

보통 이런 데는 흑1로 밑붙이는 것
이 맥으로 작용하는 경우가 많다.

　백2로 젖히면 흑3, 5가 선수가
되니 7로 안형의 요소만 지키더라
도 사는 데 지장 없다.

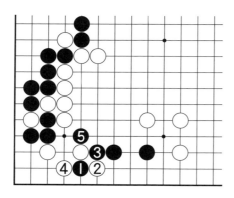

2도

1-2도(역습)

흑1에 백2로 공세를 펼치면 흑3, 5
로 역습을 가해 오히려 중앙이 터
져버리니 백이 곤란한 모습이다.

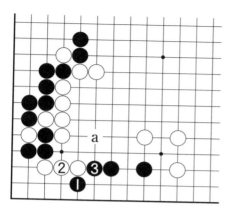

3도

1-3도(중앙이 노출된다)

흑1에 백2의 이음도 흔히 두는 균형적 사고이지만 흑3으로 자세를 잡으면 a의 중앙 요소가 노출되어 역시 흑이 사는 데는 이상 없다.

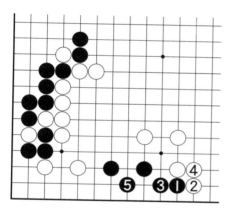

4도

1-4도(두터움을 허용한다)

사실 흑이 변쪽 1에 붙여도 5까지 사는 데는 지장 없지만 백의 외곽이 더욱 두터워진다는 데 문제가 있다.

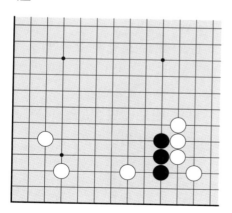

테마2

▨ 테마2 (흑 차례)

흑은 하변 석점의 수습이 관건이다. 자칫 일방적으로 몰리면 대세를 그르칠 공산이 크다.

이 상황에 맞는 타개 수단을 생각해본다.

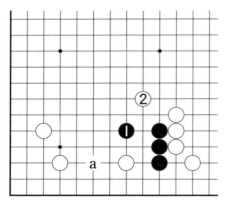

1도

2-1도(역으로 씌워올 우려)

흑1의 모자는 다음 백a로 지키면 흑2로 진출하겠다는 구상이다. 다만 역으로 백2에 씌워오면 다음이 만만치 않다.

힘이 강하다면 버틸 수도 있겠지만 굳이 이런 진흙탕싸움에 뛰어들 필요가 있을까.

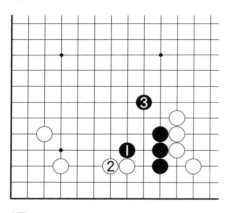

2도

2-2도(확실한 붙임)

흑1의 붙임이 확실한 수단이다. 백2로 늘면 흑3으로 진출하는 흐름이 경쾌하다.

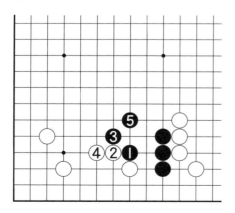

3도

2-3도(되젖힘)

흑1에 백2로 강하게 젖히는 것이 보통이지만 그러면 흑도 3으로 되젖히는 것이 요령이다.

다음 백4로 늘면 흑5로 호구치는 자세가 탄력적이다.

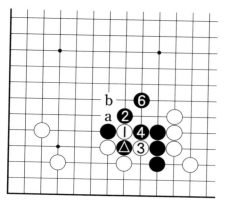

4도

⑤…🔺

2-4도(자세를 잡는 요령)

앞 그림 흑3 때 백1로 단수하면 이번에는 흑2, 4로 돌려치고 6의 호구로 자세를 잡는다. 다음 백a는 흑b로 한점을 주고 중앙에 모양을 갖추는 것이 요령이다.

▒ 테마3 (백 차례)

화점 양날개로 펼쳐진 진영에 백이 귀에 붙여 삭감하며 파생된 모양이다. 백1의 경쾌한 진출에 흑2로 공격해온 장면인데 다음 백은 어떻게 수습하면 좋을까?

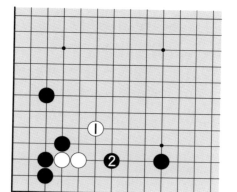

테마3

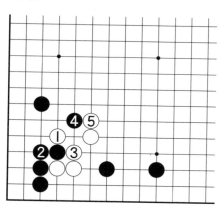

1도

3-1도(수습 요령)

여기는 백1의 붙임이 급소이며 흑2로 이을 때 백3으로 막는 자세가 탄력적이다.

다음 흑4로 들여다보면 백5로 밀어가는 것이 수습 요령이다.

7형 효과적인 공격 방법

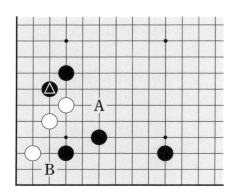

테마1

▨ 테마1 (흑 차례)

소목 두칸높은협공에서 나온 모양이다. 정석 이후 흑▲로 백진의 엷음을 노리면 백은 A든 B든 받아주는 것이 보통이다.

만일 여기서 백이 손을 빼면 흑은 어떻게 공격하는 것이 효과적일지 알아본다.

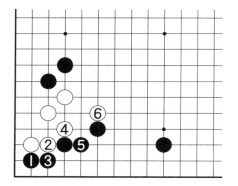

1도

1-1도(백, 탄력적 수습)

흑1로 귀에서 붙여 공격하면 근거를 없앤다는 취지는 이해하지만, 백2 이하 6까지 자연스레 리듬을 타며 탄력적인 수습이 가능하다.

2도

1-2도(흑의 의도)

흑1의 변쪽 붙임도 생각할 수 있다. 백2, 4로 받아주면 흑5로 공격하는 리듬을 타겠다는 의도가 숨어있다.

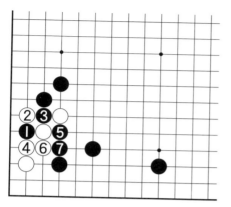

3도

1-3도(흑, 두터움)

흑1에 백2로 젖히면 흑3에 끊고, 만일 백4로 한점을 잡으면 흑5, 7로 중앙을 관통해 흑이 두터운 모습이다.

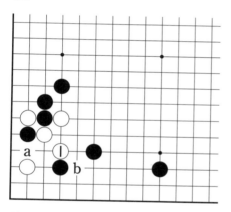

4도

1-4도(백, 교묘한 수비)

그러나 앞 그림 흑3에 끊을 때 백1의 붙임이 교묘한 수비이다.

그러면 a와 b가 맞보기가 되어 되레 흑이 큰 손실을 입는다.

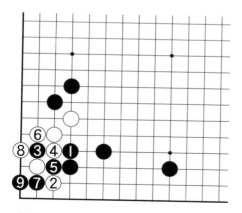

5도

1-5도(공격의 급소)

흑1로 나란히 서는 것이 공격의 급소이다. 백2로 근거를 넓히려 하면 흑3의 건너붙임이 기다린다.

이하 9까지 귀는 흑의 수중에 들어가고 백은 아직도 근거가 부족해 가일수가 필요하다.

101

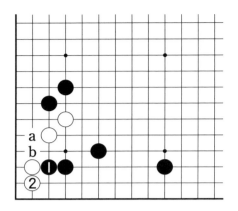

6도

1-6도(치받음)

경우에 따라서는 흑1의 치받음도 공격의 맥이다.

백2로 버티면 흑a나 b로 재차 공격해 백을 안에서 살려주더라도 중앙을 봉쇄할 수 있다.

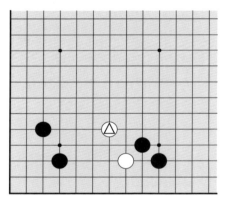

테마2

▨ 테마2 (흑 차례)

백이 변에 침투해서 △로 진출한 장면이다.

여기서 흑은 백의 허술한 진출을 어떻게 공격하는 것이 효과적인지 생각해본다.

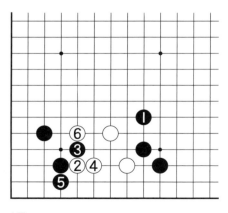

1도

2-1도(백의 타개 리듬)

단순히 흑1로 쫓는 것은 백2로 붙여 안에서 근거를 확보할 타이밍을 준다.

그러면 흑이 어떻게 대응해도 백은 타개가 가능한데, 가령 흑3으로 젖히면 백4, 6으로 붙여가는 리듬이 좋다.

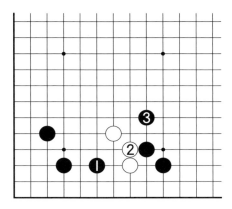

2도

2-2도(효과적 공격 수순)

여기는 흑1로 접근해 근거를 마련할 틈을 주지 않고 3으로 뛰는 것이 효과적인 공격 수순이다.

그러면 백은 일방적으로 쫓길 운명이다.

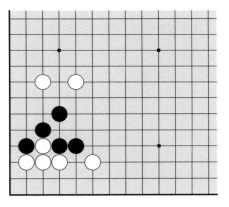

테마3

▨ 테마3 (백 차례)

백이 좌하 흑을 공격하기가 참 애매한 상황이다. 한수로 완전 봉쇄가 어렵고 그렇다고 막 대드는 것은 허점을 남길 우려가 있다.

이럴 때는 어떤 식의 공격이 효과적일까?

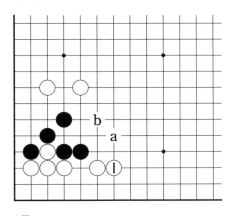

1도

3-1도(은근한 공격)

백1로 늘어서는 수가 좀 느슨해 보이지만 은근한 공격의 맥이다.

다음 흑a면 이제 백b로 추궁할 수 있고, 흑b로 얌전하게 지키면 백은 이 정도로 만족하고 손을 빼도 된다.

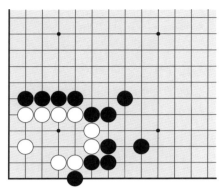

테마1

▨ 테마1 (흑 차례)

흑이 귀의 끝내기에서 최대한 이득
을 얻으려면 어떤 수순을 밟아야
할지 알아본다. 교묘한 맥이 필요한
장면이다.

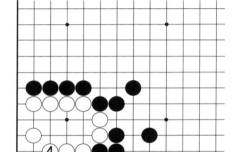

1도

1-1도(평범)

그냥 흑1, 3이면 선수이기는 해도
너무 평범하다.

   지금은 좀 더 아이디어가 필요한
장면이다.

2도

1-2도(2집 이득)

우선 흑1로 끊는 것이 맥점이다. 백
2로 받으면 이제 흑3, 5를 맞좋게
선수한다.

   그러면 흑a, 백b의 활용이 남으
니 앞 그림과 비교해 2집 이득이다.

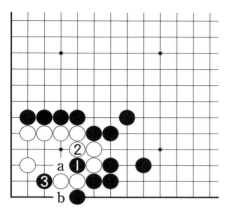

3도

1-3도(백, 곤란)

그렇다고 흑1에 백2쪽에서 받으면 흑3으로 옆구리에 붙여 백이 곤란한 모습이다.

결국 백a, 흑b로 귀에 진입해 백은 더욱 손실을 보게 된다.

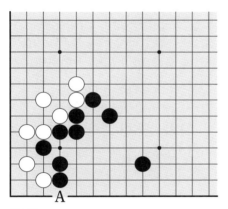

테마2

▒ 테마2 (흑 차례)

흑이 귀를 방치하면 백A의 젖혀이음이 선수 끝내기가 된다.

보통은 그럴 공산이 크지만 흑도 타이밍만 잡히면 멋진 맥에 의한 효율적 끝내기 수단이 있다.

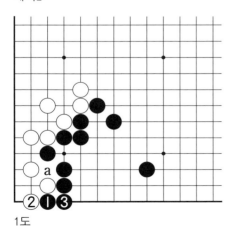

1도

2-1도(제자리걸음)

단순히 흑1, 3으로 젖혀잇는 것은 제자리걸음에 불과하다.

차후 a의 권리만 남을 뿐 가장 작은 끝내기를 한 셈이다.

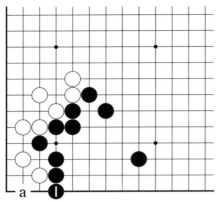

2도

2-2도(후수라 아쉽다)

조금 더 생각하면 흑1의 내려섬이 보일 것이다. 이 수의 가치는 a의 치중을 노린다는 것인데 문제는 그런 모든 수가 후수라는 점이다.

몇 집 이득을 위해 계속해서 후수를 잡는 것은 바둑에서 금물 아닌가.

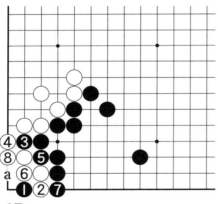

3도

2-3도(선수 끝내기)

생각을 확장하면 흑1의 치중을 먼저 둘 수 있다. 백2로 차단하면 흑3 이하 교묘한 수순으로 선수 끝내기가 가능하다.

흑1의 한점이 잡혀있지만 백8로 이어야 하니 집의 손해도 없다(안 두면 a의 패가 있다).

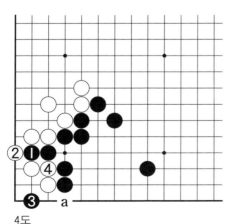

4도

2-4도(수순을 바꾸면 곤란)

참고로 흑1을 결정한 후 3으로 치중하면 백4로 먼저 단수해 흑이 곤란하다.

이제 와서 흑3을 4에 두면 백3의 호구로 받아 a쪽을 선수로 막는다는 흑의 꿈이 무산된다.

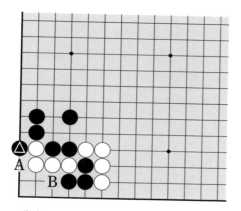

테마3

■ 테마3 (백 차례)

흑❹로 젖혔을 때 백은 어떻게 지
키는 것이 가장 집으로 이득일지
생각해보자.

물론 백A로 받으면 흑B로 밀고
들어가 백이 위험하다.

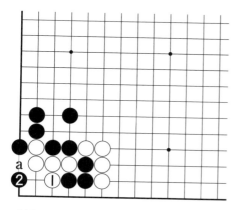

1도

3-1도(귀가 파괴된다)

백1로 물러서면 흑2의 치중이 급소
로 귀가 파괴된다.

백은 a로 막을 수 없으니 차후
흑 석점을 놓고 따낼 수밖에 없다.

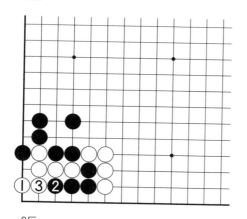

2도

3-2도(마늘모 맥점)

상대의 급소는 나의 급소라는 격언
대로 백1의 마늘모가 맥이다. 흑2
면 백3으로 수상전은 백의 1수 승
이다.

앞 그림과 비교해 끝내기로도 5
집 이득이다.

연결을 차단하는 요령

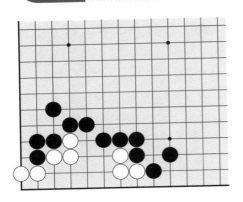

테마1

▨ 테마1 (흑 차례)

백진의 모양이 어딘지 허술해 보인 다. 백 전체를 잡을 수는 없지만 교 묘한 맥을 이용해 귀와 변의 연결 을 차단해 보자.

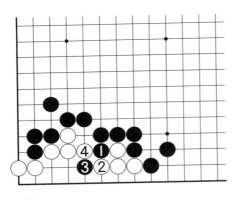

1도

1-1도(단순)

그냥 흑1, 3으로 젖히는 것은 백4 로 끊겨 흑 한점이 잡힐 뿐이다.

이런 단순한 방법으로는 성공하 지 못한다.

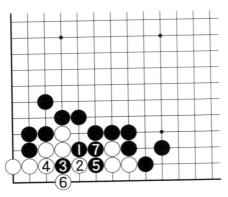

2도

1-2도(일련의 맥)

흑1로 마늘모 붙여 3으로 끊는 것 이 일련의 맥이다.

그러면 이하 7까지 변을 차단해 백 석점을 잡을 수 있다.

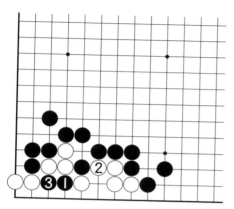

3도

1-3도(환격)

흑1로 끊을 때 백2로 변을 방어하면 흑3으로 단수해 석점이 환격이다. 그러면 백 전체가 잡혀 피해가 더욱 커진다.

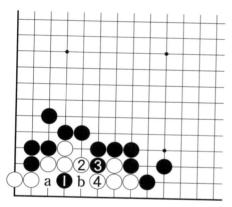

4도

1-4도(빗나간 급소)

흑1로 붙여도 급소 같지만 백2로 늘어 안전하다.

　백4 다음 흑은 a와 b의 어느 쪽도 끊을 수가 없다.

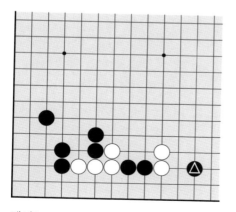

테마2

▨ 테마2 (흑 차례)

하변에 흑 두점이 샌드위치처럼 눌려있는데 ◢와 연계해 백진을 양쪽으로 차단하고 싶다. 정확한 맥의 수순을 찾아보자.

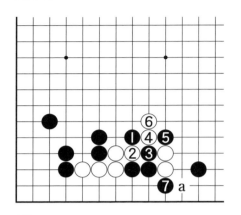

1도

2-1도(멋진 성공?)

보통 흑1로 뛰는 것이 이런 데의 행마법이다. 백2, 4로 나와끊으면 흑5로 끊고 7로 젖혀 백진의 파탄이다. 다음 백a로 젖힐 수가 없는 것이다.

이렇게만 되면 흑의 멋진 성공일 것이다.

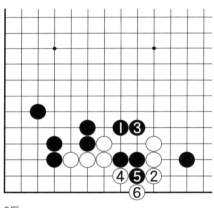

2도

2-2도(백, 건넘)

그러나 흑1로 먼저 뛰면 백2로 내려서는 수가 기다린다.

그러면 흑3으로 지킬 수밖에 없을 때 백4, 6으로 건너갈 수 있다.

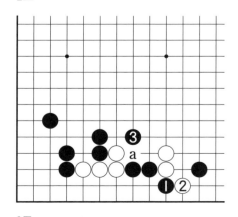

3도

2-3도(정확한 수순)

따라서 여기는 흑1로 젖힌 다음 3으로 뛰는 것이 정확한 수순이다.

그러면 백a로 나와끊을 수 없으므로 백의 연결을 저지할 수 있다.

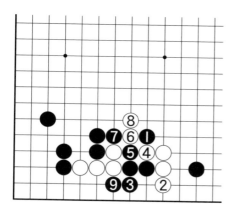

4도

2-4도(흑1, 방향 착오)

흑1쪽 뜀은 애초부터 방향 착오이다. 이때 만일 2도처럼 백2로 내려선다면 흑3으로 차단할 수 있다.

백4, 6으로 나와끊어도 흑7, 9면 백 넉점이 잡히는 모습이다.

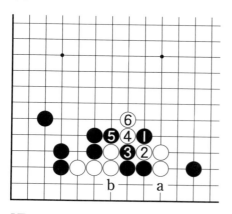

5도

2-5도(백, 나와끊음)

그러나 흑1에는 백2, 4로 곧장 나와끊으면 그만이다.

그러면 백6 다음 흑이 a와 b의 어느 쪽을 젖히더라도 백이 젖힌 쪽을 막아 흑이 잡힌다.

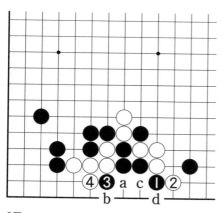

6도

2-6도(흑, 죽음)

가령 흑1이면 백2, 흑3이면 백4로 막기만 하더라도 흑이 다음 수가 없다.

다음 흑a로 이으면 백b의 젖힘, 흑c의 이음이면 백d의 젖힘으로 흑의 죽음이다.

10형 잡기와 살기의 급소

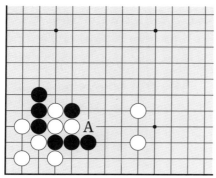

테마1

▧ 테마1 (흑 차례)

흑이 중앙 백 석점을 잡지 못한다면 양쪽으로 갈라져 시달릴 상황이다. 흑이 중앙 석점을 잡으려면 급소와 함께 이후의 수순도 끝까지 읽는 집중력이 필요하다.

일단 A의 축은 성립되지 않음을 주목해야 한다.

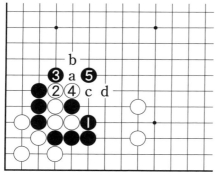

1도

1-1도(씌우는 경우)

축은 성립되지 않으므로 흑1~5의 씌움을 생각해볼 수 있다.

다음 백a면 흑b, 백c면 흑d로 이건 백이 걸린 모습이다.

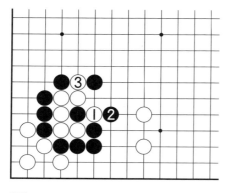

2도

1-2도(관통)

그러나 백은 그렇게 받지 않고 1로 따낸 다음 흑2로 막을 때 백3으로 뚫고 나갈 것이다.

그러면 흑은 외곽에 약점이 많아 차단할 수 없다.

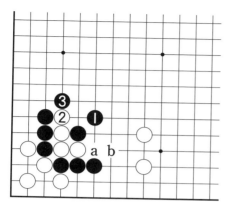

3도

1-3도(마늘모 급소)

흑1의 마늘모 행마가 일단 급소이다. 좌우동형은 중앙이 급소라는 격언에도 부합하는 곳이다.

이때 백2나 a로 나오는 것은 흑3이나 b로 머리를 얻어맞아 몇 걸음 나오지 못한다.

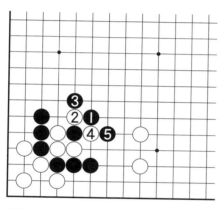

4도

1-4도(긴요한 수순)

따라서 흑1에는 백2, 4로 저항해야 할 텐데, 이때 흑은 외곽의 약점에 아랑곳하지 않고 5로 막는 것이 긴요하다.

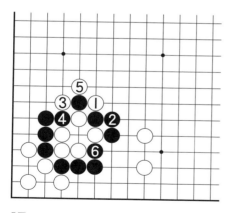

5도

1-5도(촉촉수)

계속해서 백은 1, 3으로 뚫고 나오지만 흑4, 6이면 촉촉수에 걸린 모습이다.

결국 긴 여정을 거쳐 백의 요석 석점이 잡혔다.

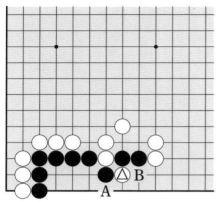

테마2

▨ 테마2 (흑 차례)

하변에서 백△로 끊어왔을 때 흑이 지레 겁을 먹고 A로 물러서면 백B로 변의 흑 두점이 잡힌다. 실전이라면 그럴 공산도 있다.

실은 흑이 전체를 살릴 수 있어야 한다. 과연 흑의 염려와 그 대응책은 무엇일까?

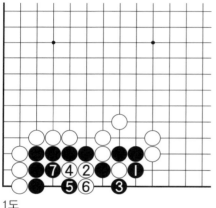

1도

2-1도(흑의 생각)

흑1로 두점을 살리면 백2로 끊고 흑3에 잡을 때 백4로 밀고 들어와 좌측이 위험하다는 것이 흑의 생각 아닐까.

만일 이런 진행이면 흑5, 7로 버텨 패가 나지만 흑이 곤경에 처한 모습이다.

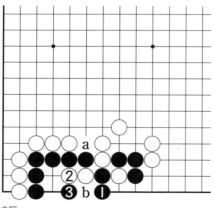

2도

2-2도(내려섬으로 해결)

실은 앞 그림 백2 때 흑1로 내려서면 그만이다.

다음 백2면 흑3으로 받아 이상 없다. 백은 자충 관계상 안에서 두는 수는 없고 a라면 흑b로 받으면 된다.

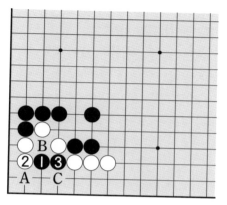

테마3

▨ 테마3 (백 차례)

귀에서 흑이 1로 들여다보고 백2로
버티자 흑3으로 끊어 크게 한몫 보
려는 장면이다.

여기서 백이 두려우면 A로 물러
서고 흑B로 끊으면 백C로 넘어가
는 방법도 있지만 굴복이다. 백은
흑의 침입군 두점을 잡고 싶다.

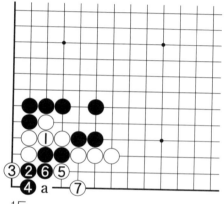

1도

3-1도(심한 공격)

백1로 잇는 것은 너무 심한 공격이
다. 흑2, 4로 수를 늘리면 자체로
흑승. 백은 5, 7로 호구쳐 a의 패를
노릴 수밖에 없다.

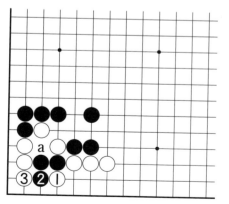

2도

3-2도(급소 젖힘)

여기는 백1의 젖힘이 급소 공격이
다. 흑2에는 백3으로 눌러 a로 끊
을 틈을 주지 않는 것이 핵심이다.

다음 흑이 어떻게 대응해도 수가
부족해 죽을 운명이다.

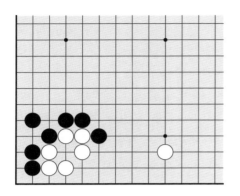

테마1

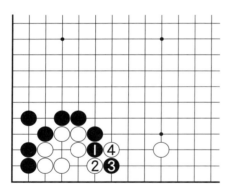

1도

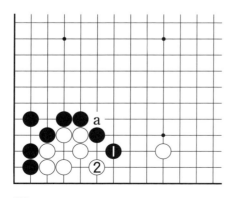

2도

테마1 (흑 차례)

흑은 하변을 완전히 틀어막고 싶지만 완력만으로는 쉽지 않다.

상대 진영을 교란하는 교묘한 맥을 구사해 보자.

1-1도(완력)

흑1, 3은 완력으로 막겠다는 뜻인데 보기보다 단단한 백이 4로 끊으면 흑이 곤란한 장면이다.

1-2도(별게 없다)

그렇다면 흑1로 늦추는 정도인데 백2로 지키고 나면 a의 약점이 남아 흑이 크게 한건 없다.

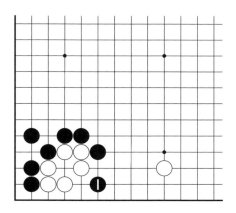

3도

1-3도(한칸 행마)

흑1의 한칸 행마가 상대의 힘을 약화시키는 급소이다.

　앞에서 백이 두면 항상 힘이 생겼던 그곳이다.

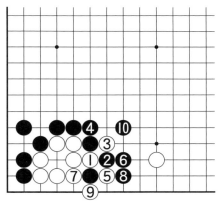

4도

1-4도(철통같은 외세)

계속해서 백1로 뚫고나간 다음 9까지 삶은 필연 수순이다.

　그러면 흑10으로 정비하며 철통같은 외세를 얻을 수 있다.

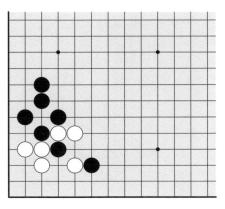

테마2

▓ 테마2 (흑 차례)

이 모양은 백이 평범한 정석을 거부하고 변화해 왔을 때 나올 수 있는 장면이다.

　귀의 실리가 커 보이지만 흑도 잡힌 한점을 활용해 중앙을 봉쇄하는 수단이 있다.

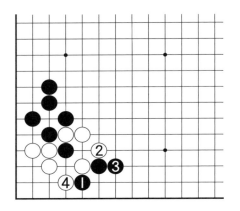

1도

2-1도(흑, 옹졸)

흑1부터 젖히면 백2로 부풀리고 4
로 막아 백은 갑자기 탄력이 생기
고 흑은 옹졸한 모습이다.

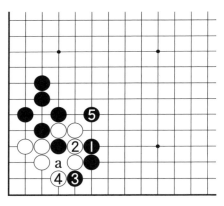

2도

2-2도(봉쇄)

따라서 흑은 1을 결정하고 나서 3
의 젖힘이 올바르다. 이때 백4로 막
으면 흑은 5로 씌우며 중앙을 봉쇄
해 만족이다.

　그렇다고 백4로 a에 따내 참는
것은 모양 상 중복이며 이 자체로
당한 결과이다.

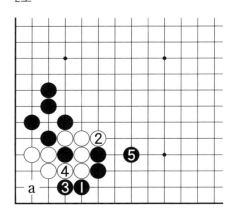

3도

2-3도(백, 미흡)

흑1로 젖힐 때 백은 봉쇄를 피해 2
로 누르는 방법도 있지만, 흑3을 선
수하며 5로 모양을 갖추는 흐름이
기분 좋다.

　이후 a로 근거를 위협하는 수단
도 남아 백이 아무래도 미흡한 결
과이다.

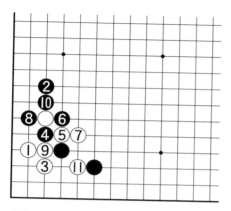

4도

2-4도(과정)

화점에서 서로 날일자로 걸치고 받은 후 백1로 달릴 때 흑2의 협공에서 출발한다. 백3으로 귀에 들어가고 흑4로 붙일 때 백5로 찝어 변화해오면 이하 11까지는 하나의 파생형 정석이다.

백은 주변 여건이 좋을 때 시도해야 한다.

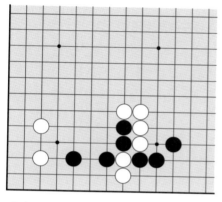

테마3

■ 테마3 (백 차례)

하변에 잡혀있는 백 두점을 활용해 흑진을 봉쇄하려면 어디가 급소인지 생각해보자.

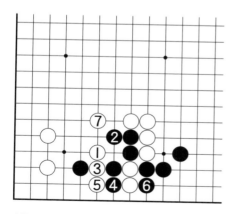

1도

3-1도(교묘한 맥점)

백1의 곳이 교묘한 맥점이다. 흑2로 나오면 백3, 5로 관통한 다음 7의 씌움이 안성맞춤의 봉쇄이다.

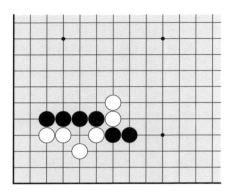

테마1

▓ 테마1 (흑 차례)

백은 중앙을 끊으며 기분을 내지만 그리 좋아할 일이 아니다.

흑이 귀의 백진을 도려내는 예리한 칼날이 도사리고 있는데 과연 급소는 어디인지 알아본다.

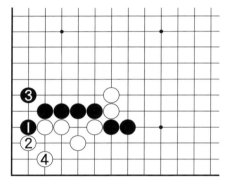

1도

1-1도(백, 안도)

흑1, 3으로 젖혀잇고 말면 귀의 비밀을 모른 채 넘어간다.

백은 4로 지키며 안도의 한숨을 내쉴 것이다.

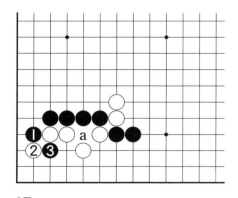

2도

1-2도(응수타진)

여기는 흑1로 젖힌 다음 3으로 끊는 것이 응수를 타진하는 교묘한 맥이다. 그러면 백의 응수가 난감해진다.

당장 a의 양단수가 기다리지 않는가.

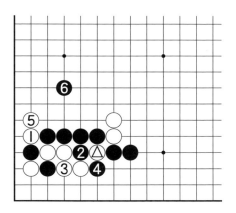

3도

1-3도(백, 요석 잡힘)

여기서 백1~5로 진행하면 귀는 최대한 지키지만, 백△의 요석을 따내며 6으로 펼치는 흑의 세력이 위력적이다.

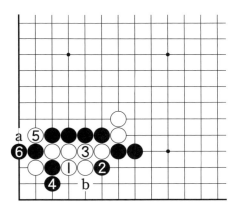

4도

1-4도(교묘한 조임)

2도 다음 백1로 양단수를 방어하면 흑2로 단수한 후 4의 내려섬이 교묘하다. 이때 백5로 단수해도 흑6으로 내려선다.

다음 백a로 잡으면 흑b로 조여 백이 망하는 코스로 접어든다.

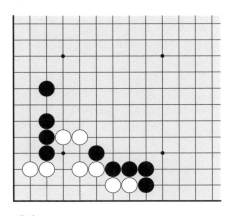

테마2

▒ 테마2 (흑 차례)

얼핏 보기에는 백이 안정되어 있지만 유심히 관찰하면 약점을 발견할 수 있다.

그런 약점을 공략해 어느 한쪽을 잡거나 차단하는 급소는 어디인지 생각해본다.

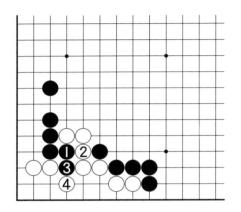

1도

2-1도(단순한 수순)

그냥 흑1, 3으로 빈틈을 타고 들어가서는 아무런 결과를 얻지 못한다.

백4 다음 흑은 더 이상의 수단을 부릴 여지가 없다.

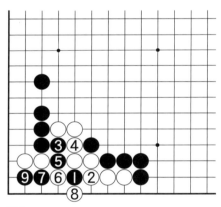

2도

2-2도(응수타진의 맥)

흑1의 붙임이 절묘한 응수타진의 맥이다.

백2로 변쪽을 막으면 이제 흑3, 5로 빈틈을 타고 들어가 9까지 귀의 백 두점을 잡을 수 있다.

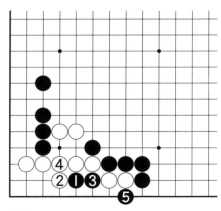

3도

2-3도(백, 두점 잡힘)

흑1에 백2로 귀쪽을 막으면 흑3으로 끊는다.

중앙을 끊길 수야 없으니 백4로 지키면 흑5로 이번에는 변의 백 두점을 잡을 수 있다.

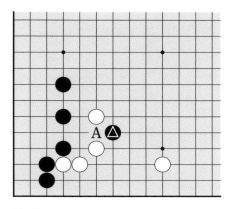

테마3

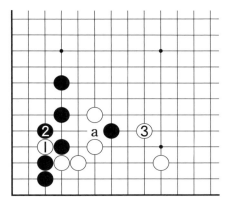

1도

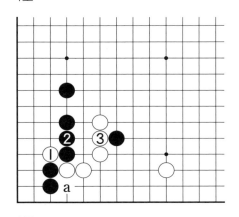

2도

▨ 테마3 (백 차례)

화점에 한칸걸침 정석 이후의 변화에서 나온 모양이다.

흑▲로 들여다본 것은 백A로 이어달라는 뜻인데 달리 백의 효과적인 응수를 생각해보자.

3-1도(교묘한 끊음)

여기는 백1의 끊음이 교묘한 응수타진의 맥이다.

그러면 흑2로 잡을 때 백3의 역습이 가능하다. 다음 흑a로 나와 끊기가 어렵기 때문이다.

3-2도(선수 권리)

백1에 흑2로 받으면 이때는 물론 백3으로 잇는다.

그러면 차후 백은 a의 막음이 선수 권리가 된다.

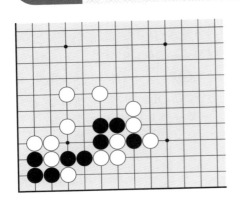

테마1

▓ 테마1 (흑 차례)

흑은 두 곳에 약점을 안고 있다. 이를 동시에 방비하는 급소는 어디인지 생각해본다.

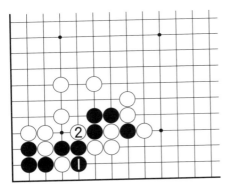

1도

1-1도(단편적 수비)

만일 흑1로 귀를 지키면 백2로 중앙이 끊길 것이다.

역시 1과 2는 맞보는 곳이므로 단편적인 수비로는 양쪽을 지킬 수 없다.

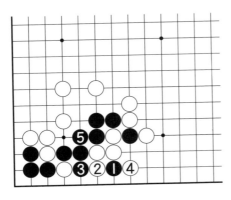

2도

1-2도(양쪽 방비)

흑1의 붙임이 급소이다. 백2로 나오면 흑3을 선수한 다음 5로 이어 양쪽 모두 방비할 수 있다.

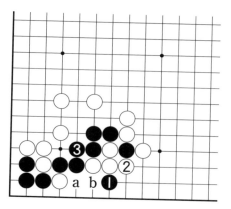

3도

1-3도(모두 해결)

흑1에 백2로 따내면 흑3에 이어 모두 해결된다.

다음 백a로 나오면 흑1의 작용으로 b에 끊기므로 귀는 이상 없다.

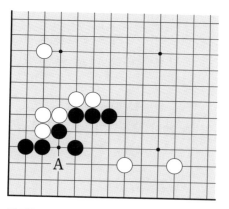

테마2

▨ 테마2 (흑 차례)

지금 흑 모양은 당장 백이 A로 들여다보면 귀가 파괴되므로 어딘가 지켜야 한다.

변과 연계해 가장 능률적인 방어책을 생각해보자.

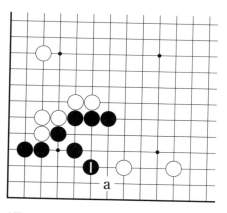

1도

2-1도(비능률)

흑1의 마늘모는 상식적인 행마이다. 그러나 백a의 끝내기가 남아 능률이 떨어진다.

좀 더 공격적인 수비를 생각해야 한다.

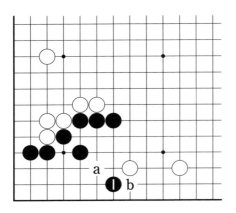

2도

2-2도(발전자 행마)

여기는 흑1의 발전자 행마가 변의
공격도 겸하는 일석이조의 능률적
인 수비책이다. 흑의 두터운 벽 때
문에 백이 a로 가르지 못한다는 점
에 착안한 맥점이다.

만일 백b로 막으면 흑은 손을 빼
도 귀가 크게 다치지 않는다.

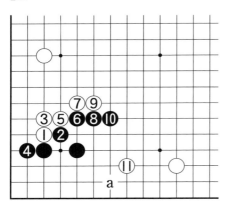

3도

2-3도(과정)

백1로 한칸굳힘의 옆구리에 붙여 9
까지 결정한 다음 11로 벌린 장면
이다.

백이 좌변과 하변을 모두 두고자
할 때 흔히 사용된다. 여기서 흑a가
수비의 급소였다.

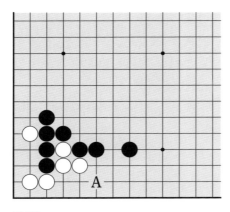

테마3

▨ 테마3 (백 차례)

백이 귀를 방치하면 흑A의 공격을
받아 비참한 삶을 감수해야 한다.

따라서 한수 보강이 보통인데 가
장 능률적인 수비는 어디일까?

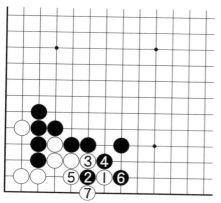

1도

3-1도(봉쇄)

보통은 백1의 날일자 행마가 날렵하지만 이 형태에서는 흑2의 건너붙임이 주효해 백7까지 철저히 봉쇄된다.

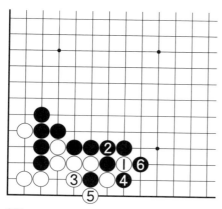

2도

3-2도(선수를 잡고 진다)

그렇다고 선수라도 잡으면 견딜 수 있겠다 싶어 백1로 단수한 다음 3이면 흑이 6까지 외세가 너무 두터워진다.

아무리 선수가 중요해도 이런 식으로 바둑을 두면 필패이다.

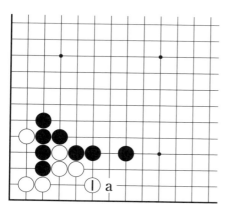

3도

3-3도(능률적 수비)

여기는 백1의 마늘모가 능률적 수비의 맥이다.

좀 위축돼 보여도 이처럼 일보 후퇴가 상대에게 리듬을 주지 않는 경우가 많다. 다음 흑a로 막으면 이제는 백이 손을 빼도 좋다.

127

14형 모양을 정돈하는 방법

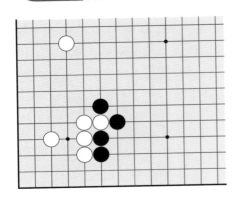

테마1

▨ 테마1 (흑 차례)

흑이 부실한 모양을 어떻게 정돈하면 효과적인지 알아본다.

그 전에 무엇이 요석이고 사석은 어떻게 활용할지도 생각해야 한다.

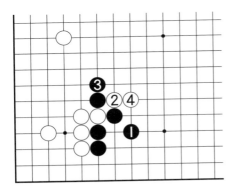

1도

1-1도(불리한 싸움 자초)

흑1로 하변을 지키는 것은 부분 실리에 치우친 생각이다. 백2로 중앙을 끊으면 흑이 대세에 밀린다.

이제 와서 흑3으로 늘면 주변이 강한 백도 4로 늘어 싸움을 마다할 이유가 없다. 흑이 불리한 싸움을 자초하고 있다.

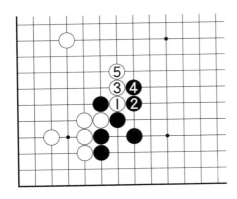

2도

1-2도(좌변 진영이 크다)

그렇다고 백1로 끊을 때 흑2, 4로 한점을 주면서 진영을 같이 키우려 하면 백5로 슬슬 늘어만 주더라도 좌변 진영이 너무 크다.

그러고 보면 흑의 요석은 중앙 한점이었다.

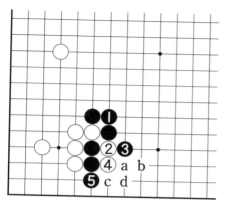

1-3도(키워서 버리는 활용)

따라서 흑은 일단 1로 중앙을 이어야 한다. 백2로 끊으면 흑3, 5로 두 점을 키워서 버리는 것이 좋은 활용이다.

여기서 백의 응수도 중요한데 만일 백a면 흑b, 백c면 흑d로 어느 쪽이든 조임을 당해 백이 곤란하다.

3도

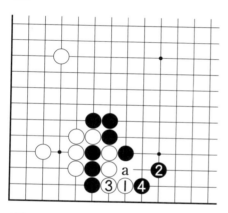

1-4도(두터운 자세)

여기는 백1의 마늘모 행마가 압박을 피하는 맥이다. 그러면 흑은 2, 4로 모양을 정돈한다.

흑이 약간의 손실은 있지만 a가 언제든 선수이므로 제법 두터운 자세를 취할 수 있다.

4도

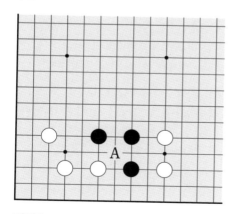

▨ 테마2 (흑 차례)

변에서 중앙으로 고공 행진하는 흑의 삼각편대가 근거가 없어 불안한 모습이다.

당장 A의 노림도 있어 이를 방비할 필요가 있다. 과연 어떻게 정비해야 할지 생각해본다.

테마2

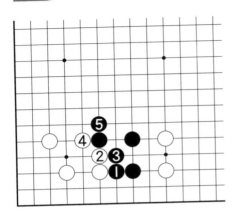

1도

2-1도(단편적 발상)

흑1로 치받아 5까지 정비하는 것은 귀의 백도 크게 굳혀줄 뿐더러 후수이다.

이런 단편적인 수단으로는 묘미가 없다.

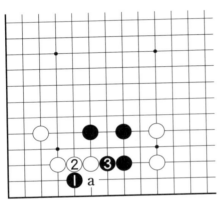

2도

2-2도(모양을 정비하는 급소)

흑1의 치중이 상대의 응수에 따라 모양을 정비하려는 급소이다.

백2로 위에서 받으면 흑3으로 치받는다. 다음 a가 남아있으니 거의 선수로 정비한 셈이다.

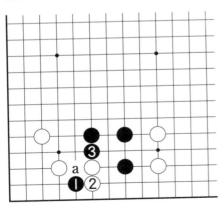

3도

2-3도(선수 정비)

흑1에 백2로 변쪽에서 막으면 이번에는 흑3으로 위에서 치받는다.

그러면 백a로 지켜야 하니 일단 흑은 선수로 모양을 정비한 셈이다.

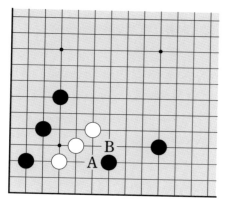

테마3

▨ 테마3 (백 차례)

백은 근거도 없이 오목 형태로 줄지어 있다. 자칫 A의 급소를 맞으면 이제는 유랑해야 될 신세로 전락할 것이다.

그렇다고 먼저 A에 붙이면 흑B로 서서 역시 빈약한 모양이다. 과연 어떻게 정비해야 할까?

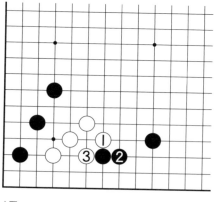

1도

3-1도(풍부한 안형)

백1로 위에서 마늘모로 붙이는 것이 급소이다.

흑2로 물러서면 백3으로 막아 안형이 풍부해진다.

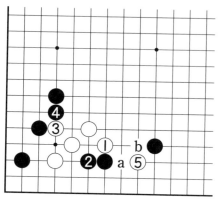

2도

3-2도(차단)

백1에 흑2로 들어올 때가 문제인데 백은 3으로 바깥 약점을 보강하고 나서 5로 흑 두점을 가두는 것이 교묘하다. 다음 흑a면 백b로 차단한다.

15형 모양과 근거를 파괴하는 수단

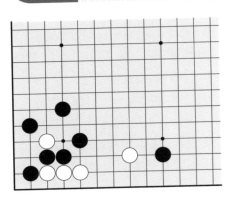

테마1

테마1 (흑 차례)

이 모양은 고목 정석에서 백이 손을 뺄 경우 나올 수 있는 장면이다. 하변의 백 모양은 보기보다 탄력 가능성이 있어 함부로 공략하기 어렵다.

그렇다면 과연 어디가 모양을 파괴하는 급소인지 생각해본다.

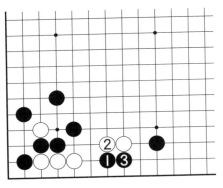

1도

1-1도(치중의 경우)

우선 흑1의 치중이 눈에 들어온다. 보통 이런 자리가 급소 아니었던가.

만일 백2로 받으면 흑3으로 연결해서 백은 근거 없이 쫓길 것이다.

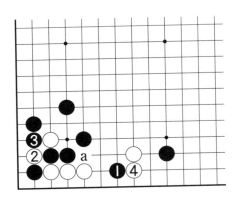

2도

1-2도(교묘한 차단)

그러나 흑1에는 백2로 끊어 선수활용한 다음 4로 막는 교묘한 응수가 성립한다.

그러면 백a가 선수인 까닭에 흑1의 한점은 고스란히 잡힐 운명이다. 백 모양의 탄력이 진가를 발휘했다.

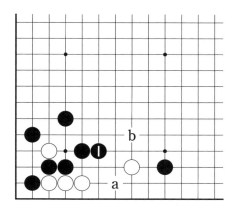

3도

1-3도(탄력을 빼앗는 급소)

흑1로 늘어서는 수가 백 모양의 탄력을 잠재우는 급소이다. 만일 백이 그곳에 붙이면 탄력이 생겨 모양이 커질 것이다.

이제 흑은 1 다음 a의 치중과 b의 씌움을 노리며 백을 공략할 수 있다.

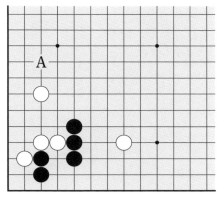

테마2

▨ 테마2 (흑 차례)

이 모양은 소목 협공정석의 일종인데 백A의 지킴이 생략되어 있다.

그러면 부실한 좌변 백진을 파괴하는 급소는 어디인지 생각해보자.

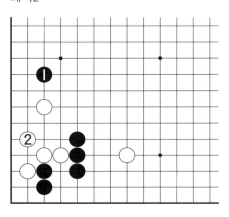

1도

2-1도(싱거운 결말)

지키지 않았던 변에서 흑1로 다가서면 백2의 호구로 지키기만 해도 사는 데 문제없다. 어딘지 싱거운 결말이다.

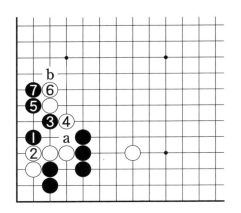

2도

2-2도(근거를 파괴하는 급소)

흑1로 들여다보는 것이 근거를 파괴하는 급소이다.

이하 7까지 되면 a와 b가 맞보기로 백은 초라한 모습이다.

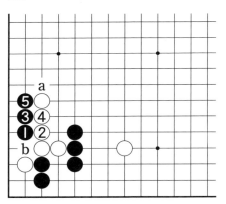

3도

2-3도(대동소이)

흑1에 백2로 막아도 흑3, 5 다음 a와 b가 맞보기로 역시 앞 그림과 별반 다를 바 없다.

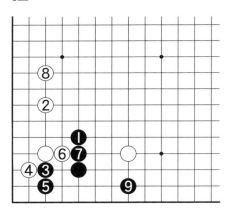

4도

2-4도(정석 과정)

소목 두칸높은협공에서 출발한다. 흑1로 한칸 뛴 후 7까지가 장면의 수순인데, 다음 백8로 지키면 흑9로 역시 지켜 정석이 일단락된다.

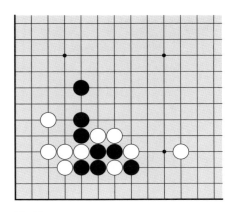

테마3

▓ 테마3 (백 차례)

하변에서 서로 공방을 펼치고 있다. 중앙 백의 약점에도 불구하고 하변 흑을 그로기에 몰 수 있는 찬스를 잡았다. 과연 그런 맥의 수순을 밟아보자.

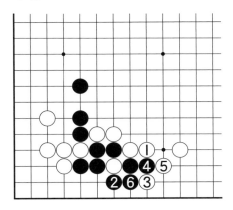

1도

3-1도(약점부터 보강하면 실패)

백1로 늘어 중앙 약점부터 보강하면 흑2로 한점을 따내 살아버린다.

　백3으로 안형을 공격해도 흑4, 6이면 사는 데 문제없다.

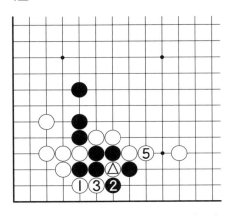

2도

❹…△

3-2도(맥의 수순)

백1, 3의 연단수로 공격의 고삐를 늦추지 않는 것이 맥의 수순이다. 다음 흑4로 잇고 나서야 백5로 늘어 약점을 보강한다.

　그러면 이미 흑은 모양과 근거가 파괴되어 빈사 상태이다.

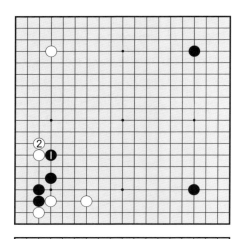

■ 실전1 (흑 차례)

좌하 모양은 소목 협공정석에서 많이 등장하는 변화이다. 흑1로 붙일 때 백2로 늘었는데 약간 느슨한 감이 짙다.

흑은 어떻게 처리하면 좋을지 생각해보자.

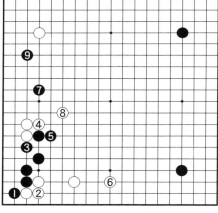

참고도(재빨리 안정)

여기는 흑1, 3의 맥으로 재빨리 안정해서 좋다.

백도 4, 6의 수순으로 하변 안정이 급한데 그러면 흑은 7, 9로 공격하며 국면을 리드할 수 있다.

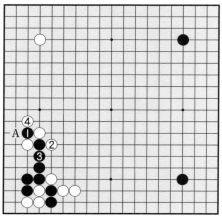

■ 실전2 (흑 차례)

소목 협공정석에서 한참 진행이 되었다. 흑1로 끊을 때 백2, 4의 수순으로 단수했는데 뭔가 잘못되었음을 직감해야 한다.

다음 흑A로 이으면 잘못을 모른 채 정석으로 환원되지만 그 전에 백의 실수를 응징해보자.

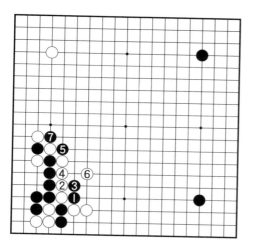

참고도 1(빵따냄 유도)

여기는 흑1, 3으로 단수해 몰고 간 다음 5, 7로 한점을 빵따내면 흑이 단연 우세하다.

　빵따냄을 유도한 맥의 수순이 었다.

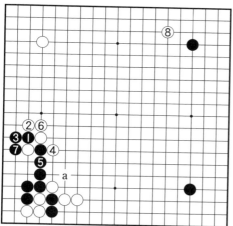

참고도 2(백의 올바른 수순)

실은 흑1 때 백2, 4로 변부터 단수하는 것이 올바른 수순이다.

　그러면 7까지 정석이 일단락된다. 다음 백은 a로 지키든가, 발 빠르게 두자면 8의 걸침으로 직행할 것이다.

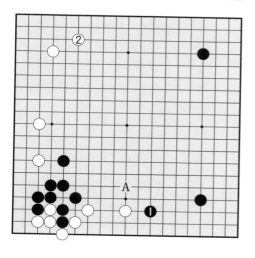

▨ 실전3 (흑 차례)

좌하 모양도 소목 협공정석에서 파생된 변화이다. 흑1로 다가설 때 백이 A의 지킴은 굴복이라 생각해서 큰 자리인 2의 곳으로 전환했다.

　여기서 흑은 하변 엷음을 노리면서 국면을 리드할 수 있다.

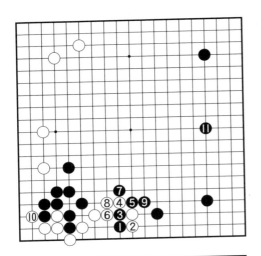

참고도 1(교묘한 치중)

흑1의 치중이 교묘한 맥이다. 넘겨줄 수는 없는 노릇. 백2로 차단하면 흑3 이하 9가 백 대마에 선수로 작용한다.

이렇게 외벽을 쌓은 후 11로 모양을 넓히면 흑의 세력이 전국을 압도한다.

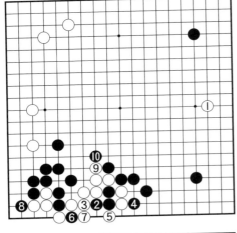

참고도 2(안형 공략)

앞 그림 흑9 때 백이 귀를 지키지 않고 1로 큰 자리에 전환하면 어떻게 될까?

그러면 흑2 이하 안형을 공략해서 8까지 두 눈 마련이 어렵다. 그렇다고 백9의 중앙 진출도 흑10으로 막혀 몇 걸음 나가지 못한다.

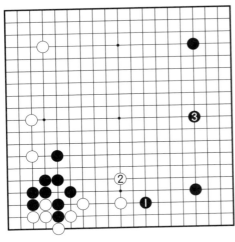

참고도 3(흑, 활발)

따라서 흑1로 다가서면 백2의 지킴이 무난하지만 흑3으로 모양을 넓히기만 해도 역시 흑이 활발한 모습이다.

3
해법 모양의
맥점 찾기

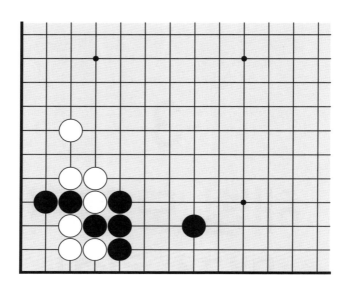

■ **문제도 (흑 차례)**

　귀에 갇힌 흑 두점이 살 수는 없지만 이를 활용해 최대한 이득을 얻어야 한다. 귀에는 어떤 수단이 숨어있을까?

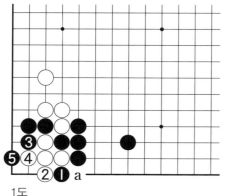

1도

1도(독단)

자체 수상전에 불리한 흑은 1의 젖힘부터 생각해볼 수 있다. 이때 백2로 막으면 흑3, 5로 공략해 상황이 역전된다. 다음 백a로 따내면 겨우 패에 의존해야 한다.

　그러나 이 그림은 흑의 독단적 진행이다.

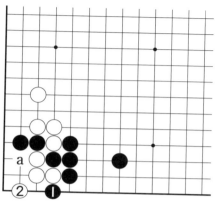

2도

2도(교묘한 수비)

흑1에는 백이 바로 막지 않고 2의 마늘모가 교묘한 수비이다. 그러면 귀가 최대한 보존된다.

만일 백2로 a에 지키면 흑2의 치중이 급소로 역시 귀가 파괴된다.

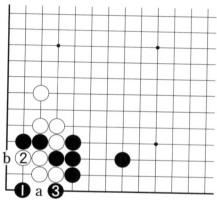

3도

3도(정해/ 치중)

흑1의 치중부터 두는 것이 교묘한 맥이다.

백2로 지킬 때 흑3으로 젖히면 귀가 자연스럽게 파괴된다. 다음 백a의 차단은 흑b로 백이 잡힌다.

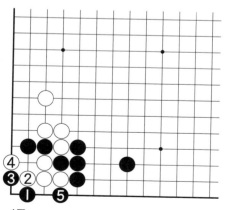

4도

4도(패)

흑1에 백2로 막아 버티면 흑3, 5의 수순으로 젖혀 패가 나는 모습이다. 백이 위험한 발상이다.

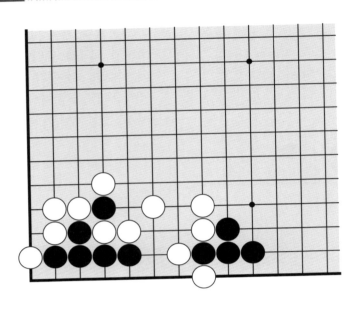

▨ 문제도 (흑 차례)

귀에 갇힌 흑 다섯점이 삶의 안형을 확보하지 못해 이대로는 죽을 운명이다. 건너편에 아군이 손짓하고 있는데 백진이 가로막고 있다. 좁은 지역이지만 장벽을 돌파하는 묘수순을 생각해보자.

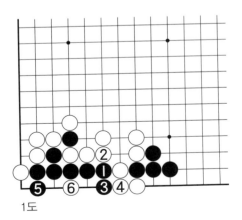

1도

1도(두 눈 마련에 실패)

흑1로 부딪쳐 안에서 아무리 살려고 해봐야 6까지 두 눈을 만들 수 없다.

흑은 아군과 손을 맞잡을 묘수가 절실하다.

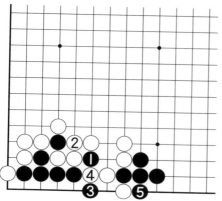

2도

2도(정해/ 절묘한 수순)

흑1로 단수한 다음 3에 들여다보는 것이 절묘한 수순이다.

　그러면 백4에 흑5로 연결할 수 있다.

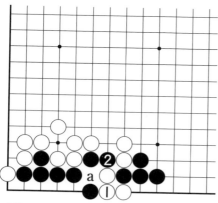

3도

3도(백, 석점 잡힘)

앞 그림 흑3 때 백1로 이으면 이번 에는 흑2로 끊는다.

　그러면 a로 끊을 수 없으니 백 석점이 잡힌 모습이다.

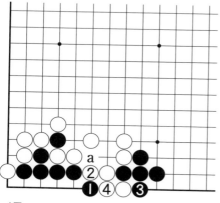

4도

4도(성급한 행동)

흑1로 먼저 들여다보는 것은 성급 한 행동이다. 백2, 4로 완전 차단되 지 않는가.

　물론 백2로 4에 이어주면 흑a로 단수해 다시 수가 나지만 흑의 희 망사항일 뿐이다.

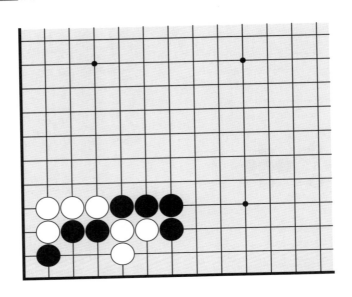

▨ 문제도 (흑 차례)

흑이 긴박해 보이는 장면이다. 당장 두점이 위험하고 하변 백 석점과의 수상전도 평면적인 수단으로는 불리하다.

그렇다면 수상전을 역전시키는 입체적인 수순을 생각해 보자.

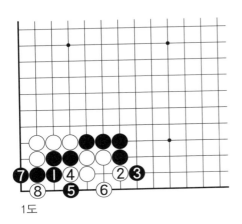

1도

1도(흑, 1수 부족)

단순히 흑1로 이으면 백2로 젖힌 후 4로 조이는 것이 정교한 수순이다. 흑5로 젖히면 백6으로 일단 한 집을 낸 후 다음 수를 기다린다.

흑7로 수를 늘려도 백8의 치중이면 흑의 1수 부족이다.

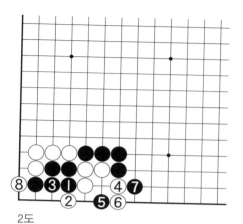

2도

2도(역시 1수 부족)

흑1로 부딪치는 것은 좀 더 박력 있는 수단이다.

다음 백2, 4 때 흑5의 치중 한방으로 끝내겠다는 뜻이지만 백6으로 수를 늘린 후 8의 젖힘이면 역시 흑의 1수 부족이다.

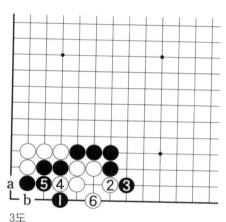

3도

3도(환원)

흑1로 한칸 뛰어 우선 백을 엿보는 것이 맥이다. 백2로 젖힐 때가 문제인데 흑3에 바로 막으면 백4, 6으로 한 집 내며 웅크리는 수가 기다린다.

그러면 다음 흑a에 수를 늘려도 백b의 치중으로 흑이 실패한 1도로 환원되지 않는가.

4도(정해/ 한칸의 협력플레이)

앞 그림 백2 때 흑1의 한칸 치중이 연속되는 정확한 맥이다. 그러면 백2에 흑3으로 막아 백은 더 이상 버틸 수 없다.

그러고 보면 두 번의 한칸 행마가 입체적인 승리의 수순이었다.

4도

맛좋게 포획하는 방법

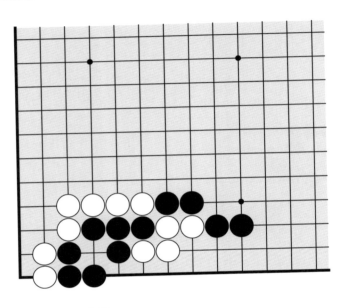

▨ 문제도 (흑 차례)

흑이 유가무가로 하변의 백 넉점을 잡을 수 있다고 쉽게
생각하면 오산이다. 자칫 상대가 패로 버티는 수단도 감안
해야 한다. 맛좋게 포획하는 맥을 생각해보자.

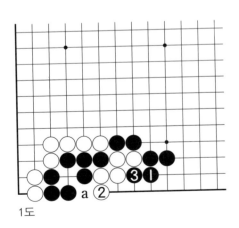

1도

1도(일방적 생각)

흑1로 내려서서 백2면 흑3으로 치
받아 유가무가라고 주장한다면 일
방적 생각이다. 물론 이 진행이라면
백이 a에 들어갈 수 없으니 유가무
가 그대로이다.

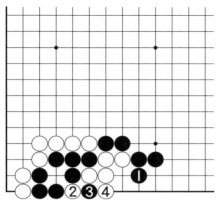

2도

2도(패)

그러나 흑1이면 백2로 먹여치고 4로 단수해 패로 버티는 수단이 발생한다.

따라서 흑1의 내려섬은 너무 쉽게 생각했다.

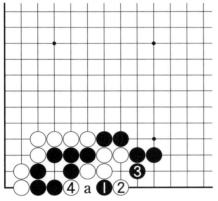

3도

3도(빗나간 묘수)

흑1의 붙임은 어떤가. 뭔가 묘수의 냄새가 나지 않는가. 이때 만일 백a로 받는다면 흑은 다음 어디를 두든 유가무가로 유도할 수 있다.

그러나 백2 다음 4의 먹여침이 맥으로 작용해 패가 나는 모습이다.

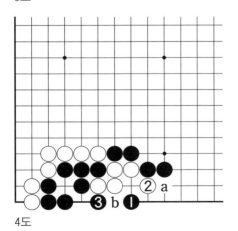

4도

4도(정해/ 날일자)

여기는 흑1의 날일자가 정확한 맥이다. 이제는 백이 먹여쳐도 자충이 되므로 2로 버티지만 흑3에 젖히면 백은 더 이상 꼼짝할 수 없다.

흑도 3으로 a에 막으면 백b로 패나 빅이 나므로 주의해야 한다.

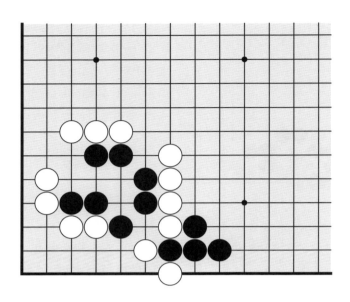

■ 문제도 (흑 차례)

백진에 갇힌 흑이 살려면 안에서 두 눈을 내든지 포위망의 약점을 찾아야 할 것이다. 과연 어디가 모양의 급소인지 생각해보자.

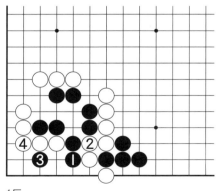

1도

1도(평범한 발상)

흑1, 3은 안에서 살려는 평범한 발상이다.

그러나 백4로 잇고 나서 흑이 어떻게 두 눈을 낼 것인가?

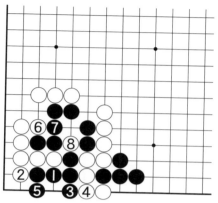

2도

2도(옥집)

계속해서 흑은 1～5로 아래쪽에 한 집을 낼 수 있어도 마지막 백8의 먹여침이면 위가 옥집이 된다.

결국 안에서는 살기 어렵다는 이야기다.

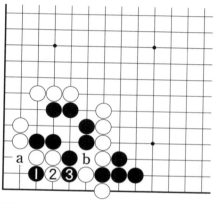

3도

3도(정해/ 붙임)

여기는 귀와 변의 약점을 동시에 맞보는 흑1의 붙임이 급소이다.

백2로 나가면 흑3으로 같이 따라 나간 다음 a와 b가 맞보기가 되어 백진이 무너진다.

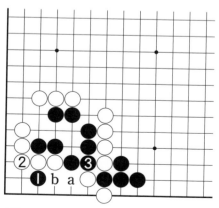

4도

4도(변화)

흑1의 붙임에 백2로 이으면 흑3에 끊는다.

다음 백a면 흑b로 끊고, 백b면 흑a로 나가 역시 백이 곤란한 모습이다.

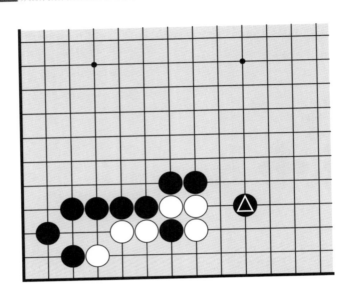

▨ 문제도 (흑 차례)

백은 흑 한점을 잡았다고 해서 안심할 일이 아니다. 그래서 흑▲로 씌울 때 보강이 필요했는데 손을 뺀 장면이다.

그렇다면 백진의 안형을 공략하는 급소는 어디일까?

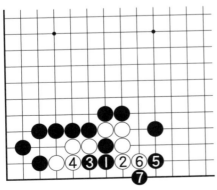

1도

1도(키워버리는 경우)

흑1로 키워버리는 수단을 일단 생각할 수 있다.

다음 흑3에 백4로 막으면 흑5, 7로 패를 유도할 수 있다.

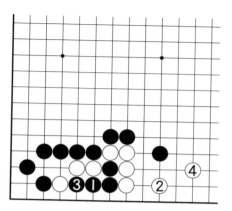

2도

2도(흑, 미흡)

그러나 흑1 때 백은 패를 피하며 2,
4로 진출하는 리듬이 좋다.

흑은 몇 점은 잡았지만 이 정도
로는 미흡한 결과이다.

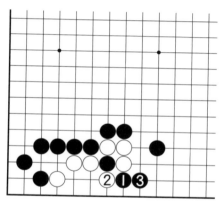

3도

3도(정해/ 옥집 유도)

흑1로 젖히는 수가 모양의 급소이
다. 만일 백2로 따내면 흑3으로 늘
어 백 전체가 잡히는 모습이다. 백
의 옥집을 유도하는 수순이었다.

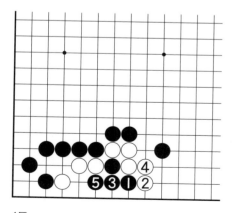

4도

4도(흑, 월등한 결과)

흑1에 백2로 막아 버티면 이제 흑3
으로 잇는다. 흑5 다음 백이 변으로
진출해도 2도와 비교해 흑이 월등
한 결과이다.

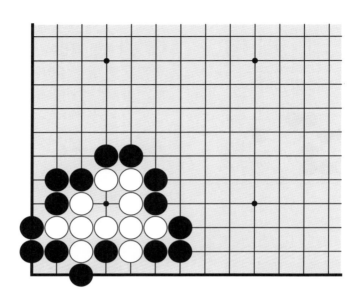

▧ 문제도 (흑 차례)

백이 위쪽에 한 눈을 확보하고 있다. 따라서 백 대마를 잡으려면 아래쪽에서 나머지 한 눈을 내지 못하게 방해해야 한다. 보이는 대로 생각하면 다른 길로 향하기 십상이다. 숨어있는 수단을 찾아보자.

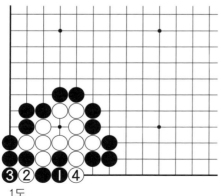

1도

1도(촉촉수)

흑1로 평범하게 이으면 백2, 4의 촉촉수로 크게 살아버린다.

이 그림이 눈에 보이는 대로의 생각에 따른 진행이다.

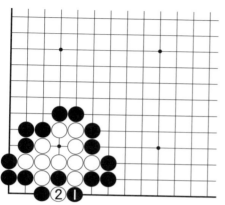

2도

2도(패는 미흡)

따라서 흑은 촉촉수를 피한답시고 1로 버틸지도 모른다. 그러면 백2로 따내 패의 모습이다. 그러나 이 결로는 흑이 미흡하다.

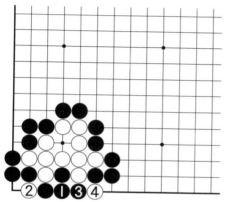

3도

3도(정해/ 키워 죽인다)

출발은 1도의 수순을 따라야 한다. 즉 흑1로 잇고 백2로 먹여칠 때가 중요한 시점이다.

　다음 흑3으로 키워 죽이는 것이 절묘한 수순이다. 백4로 따내면~

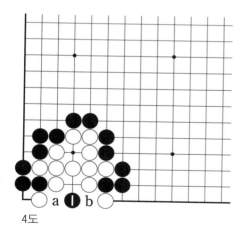

4도

4도(옥집 유도)

이런 모양이 되는데 보다시피 흑1의 치중 한방이면 아래쪽이 옥집 아닌가(a와 b가 맞보기).

　여기까지 숨어있는 수단을 읽어야 해결되는 문제였다.

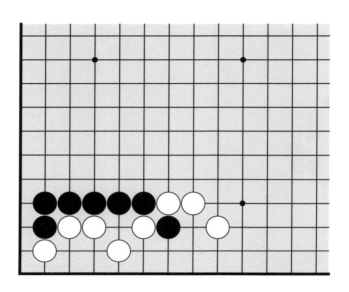

📖 문제도 (흑 차례)

백 진영이 어딘지 허술해 보인다. 잡혀있는 흑 한점을 활용해 급소를 짚으면 당장 허물어질 것 같은데 예리한 맥의 수순을 찾아보자.

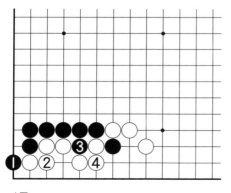

1도

1도(끝내기에 불과)

흑1, 3이면 단순한 끝내기에 불과하다.

허술했던 백 진영이 단번에 강화되어 오히려 완전무결해졌다.

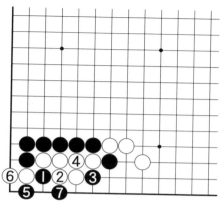

2도

2도(생사가 걸린 패)

흑1로 끊는 것이 급소이다. 백2로 받아야 할 때 흑3을 활용한 후 5의 단수가 결정타이다. 여기서 만일 백6으로 빠지면 흑7로 패.

이 결과는 백 전체의 생사가 걸려있어 백이 망한 모습이다.

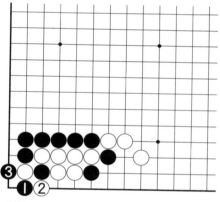

3도

3도(정해/ 이득이 큰 패)

따라서 흑1에 백2로 따내는 것이 보통이고 흑3으로 돌려치면 역시 패의 모습이다.

이 패는 흑의 부담이 없어 귀에서의 이득이 제법 크다.

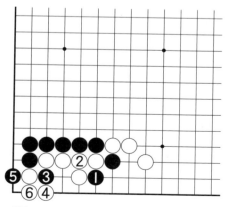

4도

4도(수순의 중요성)

흑이 수순을 바꿔 먼저 1부터 활용한 후 3에 끊으면 이번에는 백4쪽으로 잡아 별일 없다. 다음 흑5의 단수에는 백6에 이어 그만이다.

변과의 수상전은 유가무가로 백승. 수순의 중요성을 일깨워주는 문제였다.

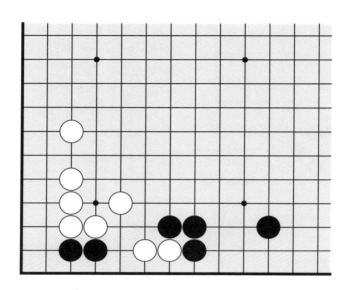

▧ 문제도 (흑 차례)

귀에 붙어있는 흑 두점이 과연 살아가는 수단이 있을까?

열악한 환경조건에 처해있어 살기도 쉽지 않지만, 귀의 특성을 이용하면 묘하게 생존하는 수단이 있다.

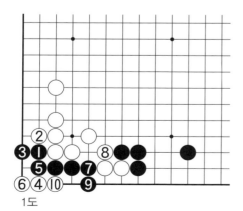

1도

1도(귀곡사)

흑1, 3 이하 궁도를 최대한 넓혀 살려고 하면 10까지의 수순에서 보듯이 귀곡사의 형태로 귀결된다.

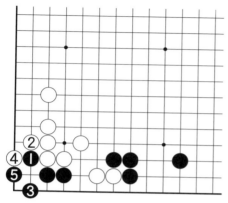

2도

2도(패?)

그러나 백2로 막을 때 흑3의 호구로 두면 백4에 흑5의 패로 버틸 수는 있다.

　그런데 실은 이 수순에서 백의 실수가 있었다.

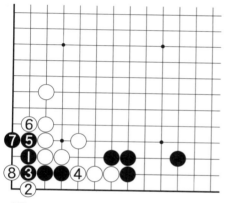

3도

3도(역시 귀곡사)

흑1의 젖힘에는 백2의 치중이 사활의 급소이다.

　그러면 이하 8까지의 수순에서 보듯이 1도와는 다른 형태의 귀곡사로 흑의 죽음이다.

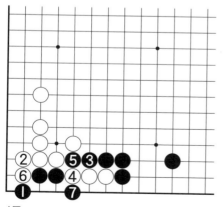

4도

4도(정해/ 절묘한 마늘모)

흑1의 마늘모가 절묘한 생존의 맥점이다. 백2로 파호하면 흑3 이하 7까지 오히려 백 석점이 잡힌다. 귀의 특수성이 묘하게 작용하고 있다.

　실전이라면 백2로 4에 막고 흑2로 젖혀 사는 수순이 될 것이다.

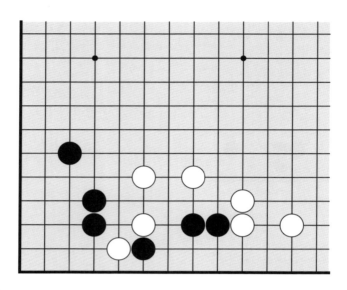

문제도 (흑 차례)

하변에 갇힌 흑 두점이 타개를 하는 과정이다. 안에서 쉽게 사는 모양이 아니라서 흑은 뭔가 특단의 해법을 찾아야 한다.

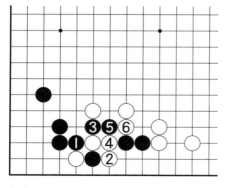

1도

1도(차단)

2선에 붙여 타개를 구한 만큼 우선 흑1의 끊음을 생각할 수 있다.

그러면 백2로 잡은 다음 6까지 외길인데 흑 두점이 차단되어 잡힌 모습이다.

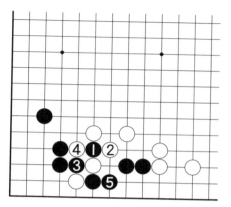

2도

2도(정해/ 절묘한 끼움)

여기는 흑1의 끼움이 절묘한 맥점
이다.

　백2로 차단하면 흑3, 5로 귀와
연결해갈 수 있다.

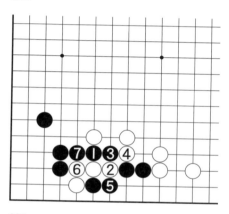

3도

3도(백, 최악)

흑1에 백2로 물러서면 흑3으로 밀
고 들어간다.

　여기서 백4로 차단하면 흑5, 7로
백 넉점이 잡히는 최악의 순간을
맞이한다.

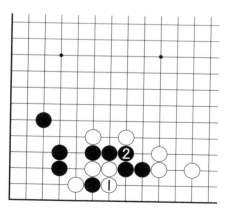

4도

4도(연결)

앞 그림 흑3 때 백1로 살리면 물론
흑2로 연결해 만족이다.

　그러고도 하변의 백은 한 수 보
강이 또 필요하다.

축의 불리를 극복하는 방법

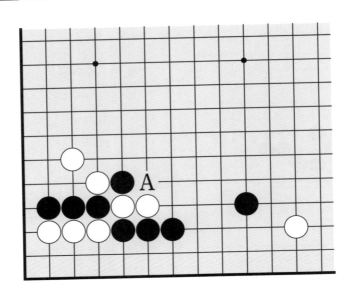

▨ 문제도 (흑 차례)

A의 축이 불리한 흑이 백 두점을 잡으려면 어떻게 해야 할까? 지형지물을 이용해 뭔가 울타리를 쳐야 할 텐데 그 방법에 해결의 열쇠가 있다. 여러 수 앞을 내다보는 치밀함이 필요하다.

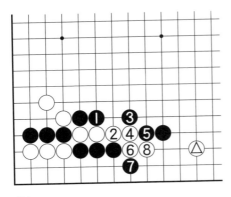

1도

1도(빈축이 안 된다)

축이 불리하더라도 일단 흑1의 단수는 절대이다. 다음 흑3의 씌움을 쉽게 생각할 수 있다.

그런데 백이 8까지 빠져나가면 △로 인해 흑이 더 이상 빈축으로 몰아갈 수 없다.

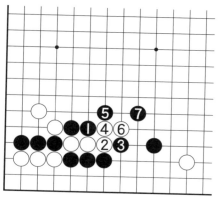

2도

2도(정해/ 몰고 나서 씌움)

그렇다면 이번에는 흑1~5의 축으로 몰고 나서 7의 씌움을 생각해야 한다.

앞 그림과 더불어 이 형태에서 씌우는 두 가지 방법 중 하나인데 좀 복잡하지만 여기에 해결의 열쇠가 숨어있다.

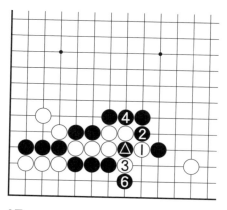

3도   ⑤···▲

3도(회돌이축)

계속해서 백1로 단수하면 흑2, 4의 회돌이로 조이며 6까지 제대로 축에 걸린 모습이다.

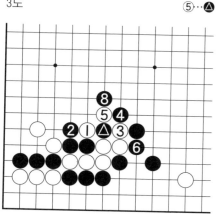

4도   ⑦···▲

4도(변화)

2도 다음 백1, 3으로 헤치며 중앙으로 빠져나가려는 시도도 앞 그림과 같은 이치로 흑4, 6으로 조이며 8까지 역시 축의 결과이다.

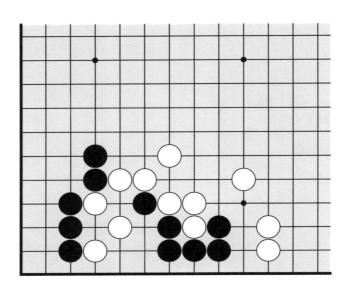

▨ 문제도 (흑 차례)

안형도 없이 하변에 갇힌 흑이 살아가려면 귀와 손을 잡을 수밖에 없다.

그러자면 약간 허술한 백 진영을 돌파해야겠는데 깔끔하게 해결하는 맥점이 요구된다.

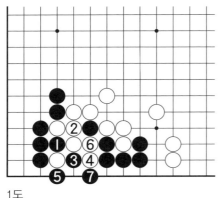

1도

1도 (독단)

우선 흑1의 단수를 생각할 수 있다. 백2로 이으면 흑3 이하 7까지 일사천리로 넘어간다. 그러나 이 진행은 흑의 독단이다.

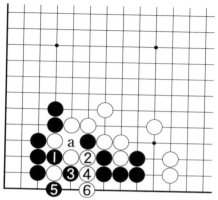

2도

2도(백의 버팀)

흑1에는 백2로 버티는 수가 있다. 그러면 이하 6까지 흑은 한점만 잡을 뿐 연결은 어렵다.

다음 흑a는 백이 되따내는 수가 있어 그뿐이다.

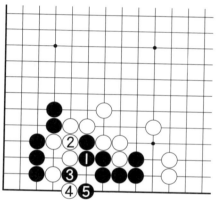

3도

3도(패)

흑1로 잇고 3으로 찜으면 앞 그림보다는 조금 나을 것이다.

그러면 백4의 단수에 흑5로 패를 낼 수 있지만 깔끔하지 못해 역시 미흡한 결과이다.

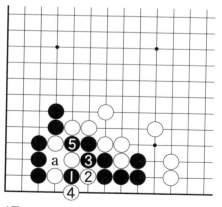

4도

4도(정해/ 연결의 급소)

먼저 흑1로 찜는 것이 연결의 급소이다. 백2로 잡으면 흑3, 5로 오히려 백이 차단되어 다 죽는다.

만일 백2로 4쪽에서 단수하면 흑a로 백이 곤란하다. 따라서 흑1의 급소 한방에 백은 고분고분 연결을 허용할 수밖에 없다.

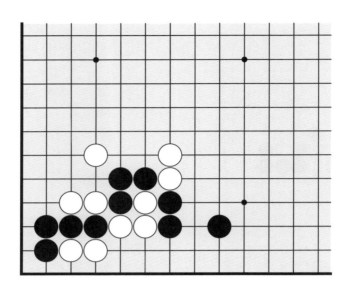

▨ 문제도 (흑 차례)

　중앙에서 흑 석점은 포위되어 달아날 수 없다. 어쨌든 하변의 백과 수상전을 벌여야 하는데 쉽게 생각하면 수가 부족해 이기기 어렵다. 과연 수를 줄이는 급소는 어디인지 찾아보자.

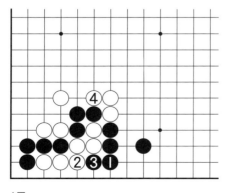

1도

1도(평범)

흑1, 3으로 평범하게 수를 줄여가는 것은 백4로 메워 흑이 앉아서지는 코스이다.

　흑은 평범보다는 비범한 착상이 필요하다.

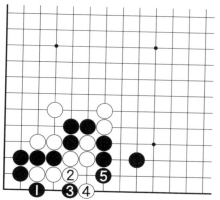

2도

2도(백의 실수)

흑1의 젖힘이면 어떤가. 이때 백2
로 이으면 흑3의 붙임이 절묘하다.
다음은 수를 줄여가는 일뿐이다. 백
4에 흑5로 이번에는 흑이 이기는
코스이다.

그러나 이 과정에서 백의 실수가
있었다.

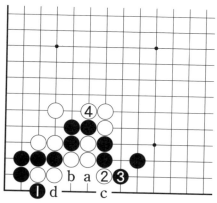

3도

3도(백승)

흑1에는 백2의 젖힘이 수를 늘리는
수순이다. 그런 후에 흑3으로 받을
때 백4로 가만히 수를 메우면 백승
이다.

여기서도 흑3 때 백a나 b로 이으
면 흑c의 젖힘이나 d로 밀고 들어
가 흑승이므로 백이 주의해야 한다.

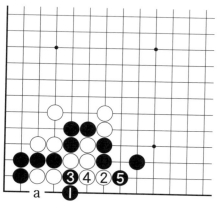

4도

4도(정해/ 치중)

여기는 흑1의 치중이 우선이며 급
소이다. 백2로 젖히면 흑3, 5로 자
충을 유도해서 흑승이 된다.

만일 백2로 3의 곳에 이으면 흑a
의 젖힘으로 2도 환원이니 역시 흑
승이다.

14형 우회하는 전법

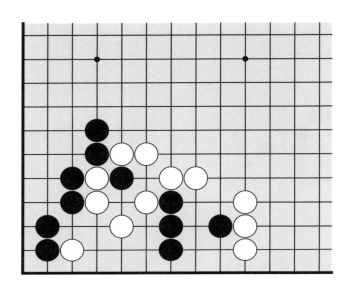

▨ 문제도 (흑 차례)

하변 백 진영에 갇힌 흑 일단을 과연 구출할 수 있을까?
직접적인 수단으로는 삶의 안형을 마련하기 어려워 보이
는데 이럴 때는 우회 전법을 생각해보자.

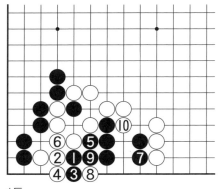

1도

1도(흑의 죽음 1)

흑1, 3으로 안에서 궁도를 넓히려
는 것은 백4 다음 6의 약점 이음만
잊지 않으면 10까지 보다시피 흑이
살기 어렵다.

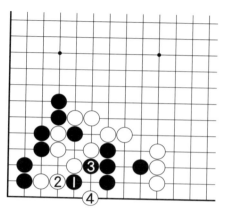

2도

2도(흑의 죽음 2)

흑1, 3의 호구는 패를 기대한 것이
지만 백4의 치중 한방이면 역시 알
기 쉽게 흑의 죽음이다.

이처럼 직접적인 수단으로는 흑
을 살릴 수 없다.

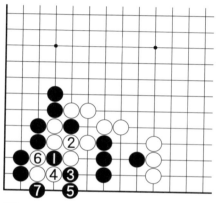

3도

3도(정해/ 약점 공략)

여기서는 흑1, 3으로 백의 약점을
공략하며 우회하는 전법이 유효하
다. 그러면 7까지 흑은 그림 같은
수순으로 귀와 손을 잡고 살아간다.

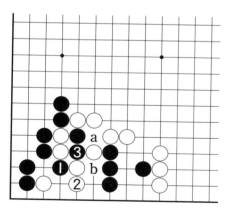

4도

4도(백의 착각)

흑1에 백2로 내려서서 차단했다고
착각하기 쉽다. 그러면 흑3으로 따
낸 다음 a와 b가 맞보기로 백이 끊
겨 큰 손실을 입는다.

맥의 공부를 통해 수를 보는 능
력을 키우면 이런 착각은 줄어든다.

167

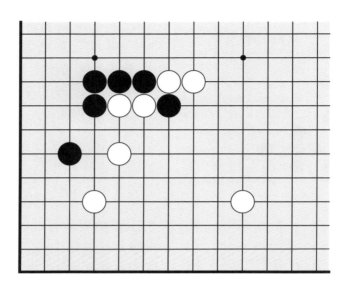

▨ 문제도 (흑 차례)

중앙 백의 두터움이 보기에 상당하다. 그런데 유심히 살펴보면 허술한 면도 있어 그 틈새를 파고들며 결정타를 날리면 허물어질 공산이 크다. 어설픈 맥보다 결정타 한방의 맥은 파급력이 크다.

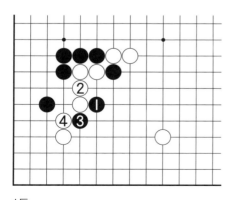

1도

1도(어설픈 생각)

흑1, 3으로 맥을 짚으며 중앙에서 싸우려는 것은 어설픈 생각이다.

치명적 약점을 안은 백이 바라는 진행일 것이다.

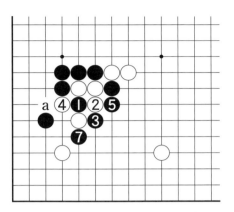

2도

⑥…❶

2도(위험한 발상)
흑1~5로 끼우며 돌려치는 것도 맥의 수순이지만, 흑7 때 당장 백a로 벽이 뚫리니 흑이 위험한 발상이다.

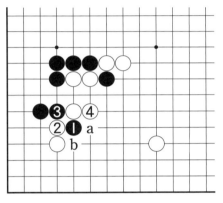

3도

3도(흑3, 기회 상실)
여기는 우선 흑1의 건너붙임이 예리한 맥이며 결정타이다. 이때 백a로 뒤에서 받으면 흑b로 뚫려 곤란하므로 백은 2로 막고 볼 일이다. 다음 흑3으로 끊는 것은 백4로 늘어 오히려 백진이 강화된다.

　흑은 결정타를 두고도 기회를 날린 셈이다.

4도(정해/ 수순의 묘)
앞 그림 백2 때 이제야말로 흑1~5로 돌려치는 것이 수순의 묘이다.

　그러면 백 석점이 잡혀 중앙 두터움은 공중 분해되고 만다.

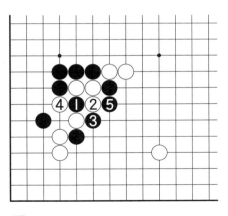

4도

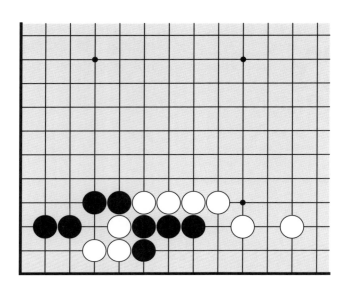

문제도 (백 차례)

하변에서 수상전이 벌어질 참이다. 서로 4수이지만 흑 모양을 보면 안에 공간을 품고 있어 백이 공격하기가 거북하다. 이런 경우 어떻게 조이면 이기는지 생각해보자.

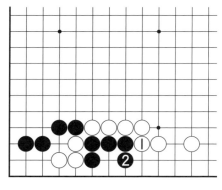

1도

1도(흑승)

단순히 백1로 막으면 흑2로 꼬부려 안에 공간이 있는 만큼 수가 늘어난다. 알기 쉽게 흑승이다.

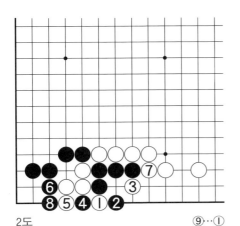

2도

⑨…①

2도(패)

백1로 젖힌 다음 3으로 붙이면 이후의 수순에서 보듯 9까지 패가 나는 모습이다.

백이 앞 그림보다 발전된 착상이지만 아직 미흡하다.

3도(정해/ 치중)

여기는 백1의 치중이 급소이다. 흑2로 차단하면 백3으로 붙여 자충을 이용하며 교묘히 조여진 형태이다.

다음 흑이 어떻게 두어도 백의 1수 승이다.

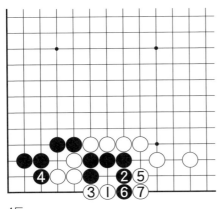

3도

4도(역시 백승)

백1에 흑2로 꼬부려 수를 늘려도 백3으로 넘어가며 7까지 역시 백승이다.

4도

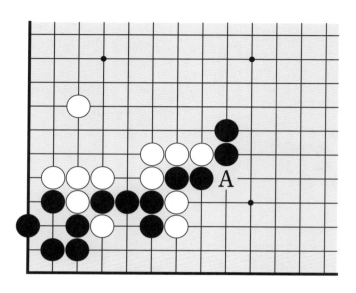

▨ 문제도 (백 차례)

하변의 흑 모양은 A로 끊기는 단점이 있는 만큼 허장성세나 다름없다.

당장은 축이 아니지만 백은 귀에 갇힌 한점을 활용해 어느 한쪽을 잡으며 흑진을 폭파하는 무서운 수단이 있다.

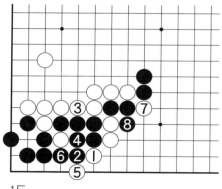

1도

1도(기분만 낼 뿐)

일단 백1~5로 조이는 것은 기분만 냈을 뿐이다.

다음 백7로 끊어도 흑8로 나가면 백의 축이 불리한 만큼 더 이상의 수단이 없다.

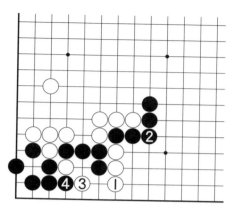

2도

2도(불발)

백은 1로 내려서서 양쪽을 노려보지만 흑2로 잇고 나면 아무 일도 없다.

뒤늦게 백3의 마늘모로 나오면 흑4로 한점이 잡힐 뿐이다.

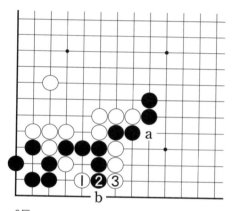

3도

3도(정해/ 마늘모 응수타진)

먼저 백1의 마늘모로 응수를 물어보는 것이 흑진 폭파의 출발이다.

흑2로 막으면 백3으로 따라 막은 다음 a의 축과 b로 잡는 수를 맞봐 흑진이 붕괴된다.

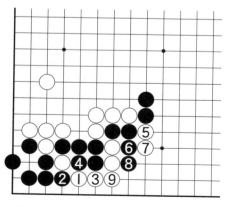

4도

4도(흑, 잡힘)

백1에 흑2로 한점을 잡으면 백3의 선수를 토대로 5, 7로 몰고 9에 잇는 수순이 중요하다.

다음 흑 넉점이 어떤 식으로 버텨도 먼저 잡힌다.

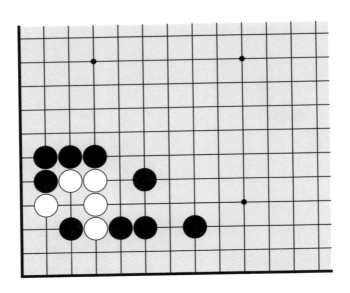

문제도 (백 차례)

귀의 흑 한점이 양쪽으로 건너는 수가 있는 만큼 백이 위험한 상황이다.

백이 이를 동시에 방어하면서 삶을 확보하는 맥의 수순을 찾아보자.

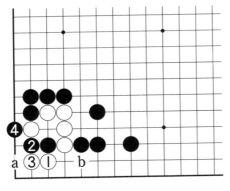

1도

1도(흑, 좌변 연결)

백1로 젖혀 하변 건넘을 방어하면 흑2, 4로 좌변으로 연결한다.

다음 백이 a와 b로 최대한 궁도를 넓혀도 사는 모습이 아니다.

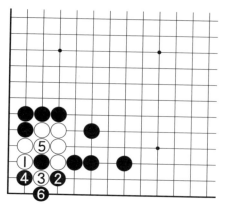

2도

2도(패)

이번에는 백1로 좌변 건넘을 방지해보자. 그러면 흑2, 4로 안형을 공격해서 6까지 패가 나므로 백이 미흡한 결과이다.

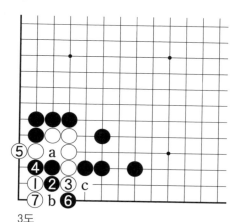

3도

3도(정해/ 양쪽 방어)

백1로 뜀이 양쪽 건넘을 동시에 방어하는 맥이다. 그러면 흑2에 백3, 흑4에 백5로 양쪽 모두 건넘이 차단된다.

흑6의 젖힘에 백7로 내려서는 것이 정확한 마무리 응징이다. 흑a로 끊을 수 없음이 핵심이며 백7 다음 흑b면 백c로 수상전은 백승이다.

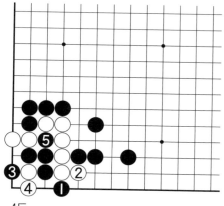

4도

4도(유의사항)

흑1(3도의 6)로 젖힐 때 무심코 백2로 나가면 이번에는 흑3으로 단수한 다음 5로 끊는 것이 성립해 백이 죽는 모습이다.

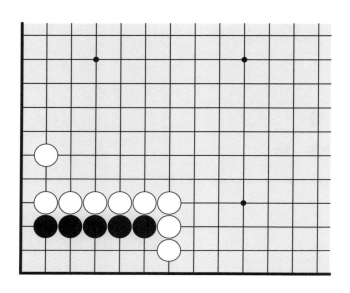

📰 문제도 (백 차례)

귀의 흑은 5개의 돌이 한 줄로 도열해 있다. 귀의 모양은 실전에서 많이 접할 수 있으므로 백도 귀를 잡으려면 균형 감각의 실전적 수법이 필요하다.

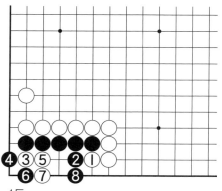

1도

1도(만년패)

만일 이 형태에서 백1과 흑2를 교환하면 그 유명한 만년패의 코스로 접어든다.

백3으로 붙인 후 흑8까지의 수순이 그 길이다. 물론 정해와는 거리가 멀다.

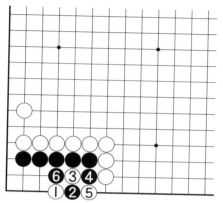

2도

2도(단패)

가장 깊이 들어가자면 백1의 눈목
자달림이다. 그러나 흑2~6으로 뒤
에서 제동을 걸면 패가 난다.

이 진행은 단패이므로 앞 그림보
다 백이 낫지만 아직 미흡하다.

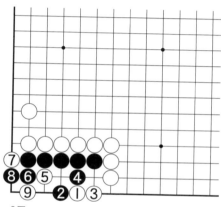

3도

3도(정해/ 날일자달림)

백1의 날일자가 귀를 공략하는 적
절한 간격이다. 흑2로 받으면 백3
으로 물러선다.

흑4로 궁도를 넓혀도 백5의 치중
이하 9까지의 수순이면 흑은 삼궁
도의 죽음이다.

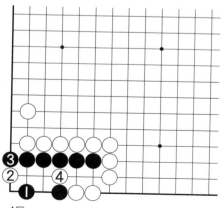

4도

4도(흑의 죽음 확인)

앞 그림 백3 때 흑1로 급소를 지켜
도 백2로 치중한 다음 4로 단수해
들어가면 흑의 죽음을 확인할 수
있다.

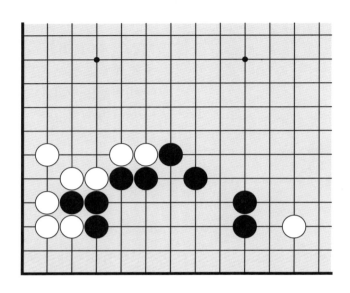

▨ 문제도 (백 차례)

하변 흑 진영이 완전하다고 느낀다면 좀 더 다채로운 맥의 세계를 경험해야 한다.

그렇다면 치명적 약점이 있다는 뜻인데 그곳을 파고드는 수순을 찾아보자.

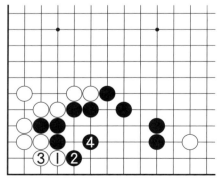

1도

1도(미흡)

여기를 백1, 3으로 젖히고 잇는 정도로 만족한다면 대단히 미흡한 결과이다.

맥을 전혀 모른다면 이 진행이 보통일 것이다.

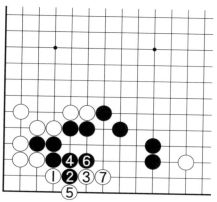

2도

2도(정해/ 껴붙임)

백1로 젖힌 다음 3으로 껴붙이는 것이 절묘한 수순이다. 흑은 4로 물러설 수밖에 없는데 그러면 백은 7까지 파고든다.

앞 그림과 비교하면 맥의 효과를 실감할 수 있다.

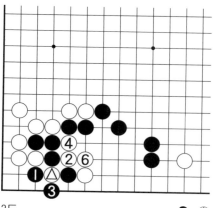

3도　　　　　　　　　❺‥△

3도(변화 1)

앞 그림 백3 때 흑1로 한점을 잡으면 백2, 4로 돌려치고 6으로 이어 흑진이 끊기며 크게 수가 난 모습이다.

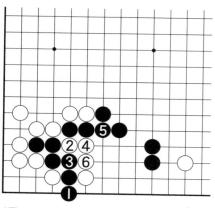

4도

4도(변화 2)

백이 껴붙일 때 흑1로 내려서면 백2~6의 수순에서 보듯이 흑의 수가 부족해 잡히는 결과이다.

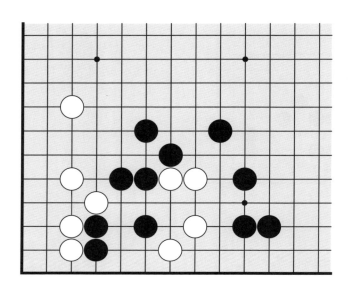

문제도 (백 차례)

하변 흑진에 갇혀 있는 백 일단이 자체로는 안형을 마련할 수 없어 위험한 상황이다. 따라서 백이 이를 구출하려면 귀와의 연결고리를 찾아야 한다. 중간에 놓인 좁은 미로를 통과하는 맥의 수순을 찾아보자.

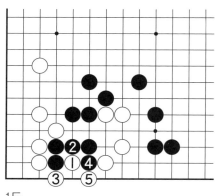

1도

1도(패는 미흡)

백1, 3으로 옆구리에 붙여 넘어가려는 것은 하수의 발상이다.

그러면 흑4에 백5의 패로 버티지만 미흡한 결과이다.

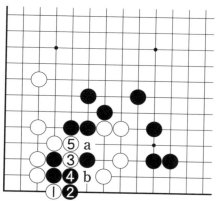

2도

2도(정해/ 연결의 맥)

미로는 좁지만 발상은 단순하지 않다. 여기는 백1의 젖힘이 연결의 맥이다. 흑2로 막으면 백3의 끼움이 연이은 맥이다.

흑4면 백5로 이은 다음 a와 b가 맞보기로 흑 일단이 잡힌 모습이다.

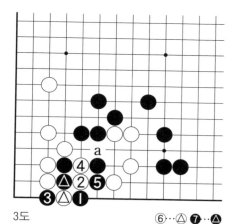

3도   ⑥…△ ❼…△

3도(주의사항)

흑1로 막을 때 백2로 끊으면 상황이 달라진다. 그러면 흑3, 5의 수순이 교묘하다. 다음 백6으로 두점을 따내도 흑7로 되따내면 백이 a로 끊을 수 없는 모습이라 연결이 차단된다.

백이 1선에 젖히고 나서 주의할 일이다.

4도(맞보기)

백1에 흑2로 늦춰도 백3으로 찝으면 a와 b가 맞보기로 귀와의 연결 성공이다.

4도

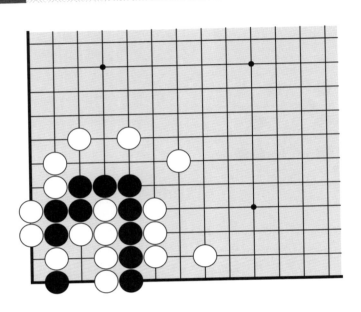

■ 문제도 (백 차례)

　귀에는 백 다섯점이 환격 모양으로 되어 있다. 백은 이를 극복하면서 포위한 흑 대마를 완벽하게 잡는 것이 목표이다. 이후의 모양을 내다보는 상상력이 필요하다.

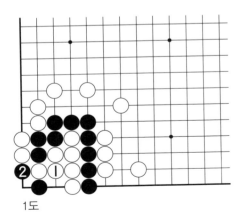

1도

1도(패)

귀가 환격 모양이므로 당장 백1로 이으면 흑2로 먹여쳐 패로 버틸 것이다. 이처럼 패가 나서는 백이 미흡한 결과이다.

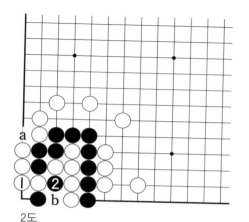

2도

2도(정해/ 패를 피하는 이음)

우선 패를 원천봉쇄하는 백1의 이음이 급선무이다. 그러면 흑2의 환격으로 백 다섯점을 잡고 살았다고 생각할 수도 있을 것이다.

물론 나중에 백a, 흑b로 되면 사는 것이 맞다. 그러나~

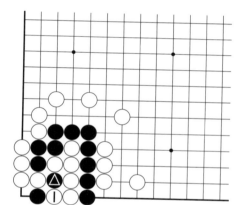

3도

❷‥△

3도(키워죽이는 테크닉)

이제부터는 이후의 모양을 내다보는 상상력이 필요하다.

계속해서 백1로 키워죽이는 테크닉이 절묘하다. 그러면~

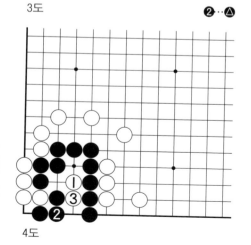

4도

4도(흑, 죽음)

이런 모양이 될 텐데 여기서 백1의 치중 한방이면 죽는 모습이다.

흑2에는 백3으로 파호해 그만이다(2와 3은 맞보기).

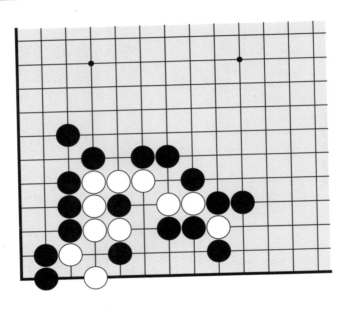

문제도 (백 차례)

백은 현재 중앙에 한 눈뿐이다. 살려면 하변에 나머지 한 눈을 마련해야 하지만 그리 만만치 않을 것이다. 이를 극복하는 온전한 삶의 수순을 찾아보자.

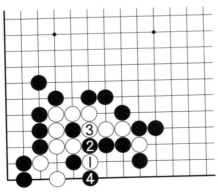

1도

1도(백, 죽음)

일단 백1의 젖힘은 당연하다. 흑2로 끊을 때가 문제인데 백3으로 중앙 한점을 따내면 흑4의 1선 단수로 백의 사망이다.

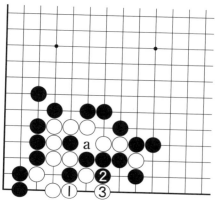

2도

2도(패)

따라서 백은 a로 따내지 않고 1로 하변 한점을 잡는다. 그러면 흑2에 백3으로 젖혀 패로 버틸 수가 있다. 흑은 a가 자충이므로 이을 수 없다. 패는 냈지만 물론 백의 최선은 아니다.

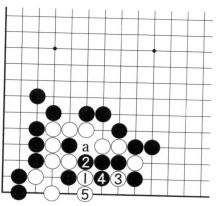

3도

3도(정해/ 젖힘에 이은 끊음)

백은 1로 젖힌 후 3으로 끊는 것이 쉽게 생각할 수 없는 맥점이다.

그러면 백5 다음 흑a로 이을 수 없는 만큼 백의 온전한 삶이다.

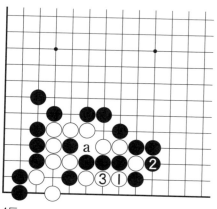

4도

4도(완전한 삶)

백1로 끊을 때 흑2로 잡으면 백3으로 이어 하변 한점을 잡는다.

다음 흑a로 이을 수 없으니 역시 백의 완전한 삶이다.

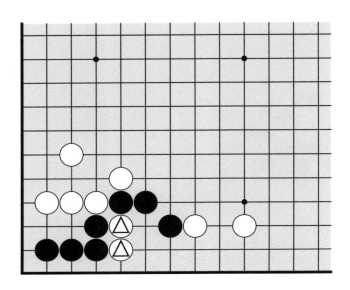

■ **문제도 (백 차례)**

과연 하변 백△ 두점을 구출할 수 있을까?

보통의 방법으로는 어려우므로 탄력적이며 실전적인 맥을 구사해야 성공한다.

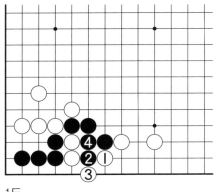

1도

1도(백, 잡힘)

보통은 백1의 젖힘이지만 흑2로 끼우면 4까지 알기 쉽게 백 두점이 죽는 모습이다.

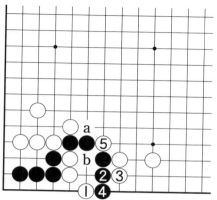

2도

2도(정해/ 실전적 마늘모)

백1의 마늘모가 실전적인 맥이다. 그러면 탄력이 생겨 흑2에 대해 백 3, 5로 공배를 조이며 수상전에 승리한다.

백은 5 다음 a와 b가 맞보기로 흑과 수상전을 유도하는 것이 포인트였다.

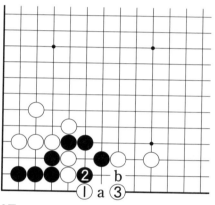

3도

3도(변과 연결)

백1에 흑2로 약점을 찔러오면 백3으로 사뿐히 뛰어 하변과 연결한다. 백3으로 a면 흑b로 젖혀 백이 잡히므로 조심해야 한다.

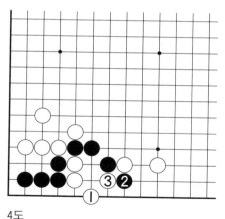

4도

4도(끊음)

백1에 흑2로 젖히면 백3으로 끊기만 해도 흑이 양쪽을 모두 살릴 수 없다.

장애물을 돌파하는 완력

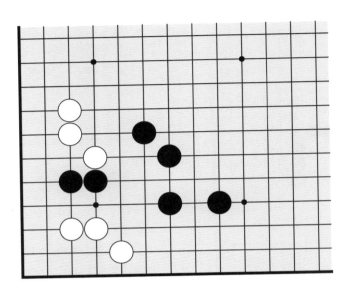

▨ 문제도 (백 차례)

이번에는 좌변의 흑 두점을 어떻게 잡을지 생각해보자.

중앙에 장애물이 있어 쉽지가 않으므로 어쩌면 완력이 필요할지도 모른다.

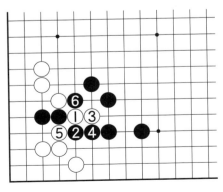

1도

1도(먼저 잡힌다)

장애물에도 불구하고 백1, 3으로 늘어 5로 차단하려 하면 흑6으로 끊겨 백 두점이 먼저 잡히는 모습이다.

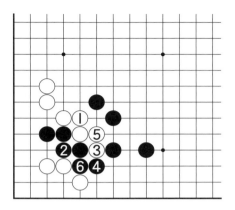

2도

2도(단순한 완력)

앞 그림 흑2 때 백1로 잇고 3으로 끼우는 공격도 흑4, 6으로 방어하고 나면 백의 후속수단이 끊긴다. 백의 단순한 완력에 불과했다.

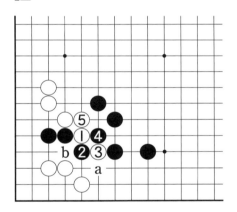

3도

3도(정해/ 젖히고 끼움)

백1, 3으로 연속해서 젖히고 끼우는 것이 절묘한 수순의 맥이다.

그러면 흑4에 양단수해도 백5로 이은 다음 a와 b가 맞보기로 좌변의 흑 두점을 잡을 수 있다.

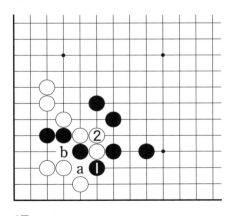

4도

4도(맞보기)

백이 끼울 때 흑1로 뒤에서 단수치면 백2로 잇기만 해도 a와 b를 맞보기로 역시 흑 두점은 잡힌다.

이처럼 맥을 동반한 완력이라야 성공할 수 있었다.

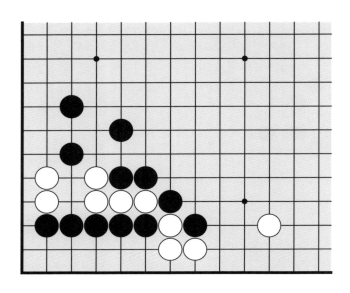

문제도 (백 차례)

좌변의 백 일단이 살려면 중앙 흑의 약점을 공략해야 한다. 그런데 같은 맥을 사용하더라도 수순이 중요하다.

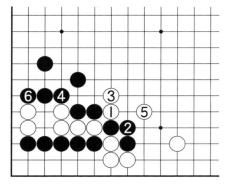

1도

1도(흑승)

일단 백1로 단수쳐 중앙 흑진을 양단하는 것은 당연하다.

다음 백3을 결정하고 나서 5로 씌우는 것은 흑4, 6으로 먼저 조여 수상전은 흑승이다.

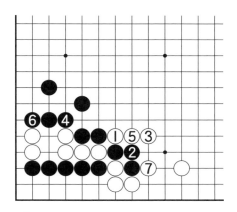

2도

2도(백의 주문)

백1로 단수한 다음 3으로 바로 씌우는 것이 한층 그럴듯하다.

이때 흑이 수상전을 벌이면 이하 7까지 이번에는 백의 1수 승이다. 이 진행이 백의 주문이다.

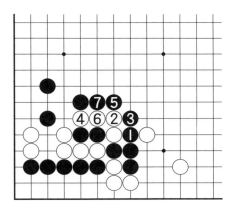

3도

3도(봉쇄 수단)

그러나 흑은 앞 그림의 4 대신 흑1, 3으로 뚫고나가서 5, 7로 두점을 버리고 봉쇄하는 수단이 있다.

그러면 백은 기분만 냈지 전체적으로 한 눈뿐이라 죽는 모습이다.

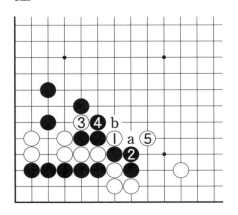

4도

4도(정해/ 정교한 수순)

여기는 당연한 백1의 끊음 다음 3으로 두점을 단수치고 나서 5로 씌우는 것이 정교한 맥의 수순이다.

이제는 흑이 수상전을 벌여도 안되고, a로 뚫어도 자연스럽게 백b의 단수가 들으니 흑 석점이 꼼짝할 수 없다.

27형 서두르지 말아야 할 결정타

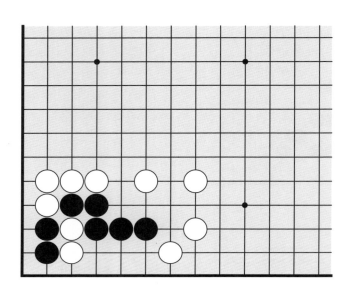

▧ 문제도 (백 차례)

귀에서 백 두점이 잡혔다고 흑이 살았다는 증거는 아니다. 오히려 백은 두점을 활용하며 귀의 흑을 잡으러 가는 위협적인 수단이 있다. 이 경우 결정타를 서두르면 기회를 잃을지도 모른다.

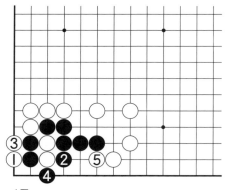

1도

1도(흑의 실수)

이런 모양에서 백1의 붙임이 급소인 경우가 많다. 여기도 과연 그럴까?

만일 패를 피해 흑2로 두점을 잡으면 백3, 5로 공격해 흑은 한 눈뿐이라 그대로 죽음이다. 물론 흑2가 실수였다.

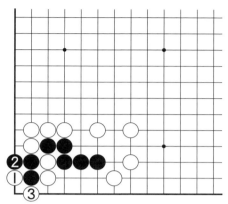

2도

2도(패)

그러나 이 경우 백1에 흑은 2로 버티는 수단이 있다. 그러면 백3으로 패. 결국 백이 결정타를 서두르다 패가 나므로 미흡한 결과이다.

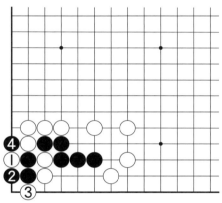

3도

3도(정해/ 젖히고 단수)

여기는 결정타를 두기 전에 백1로 젖힌 다음 3으로 단수해두는 과정이 필요하다.

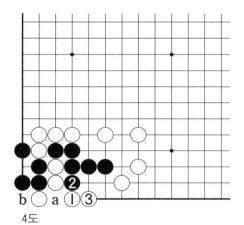

4도

4도(결정타)

그러면 이 모양이 되는데 여기서 백1의 마늘모가 결정적인 맥이다. 다음 흑2면 백3으로 느는 것이 포인트이다.

흑이 a로 두점을 따내도 백이 되따낼 수 있고, b는 자충이라 둘 수 없어 영락없이 흑의 죽음이다.

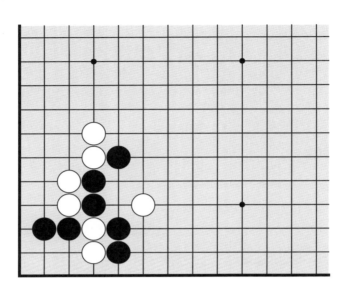

문제도 (백 차례)

백은 귀에 두점이 잡혀있는 데다가 뿔뿔이 흩어져 매우 산만한 모습이다. 그러나 이런 모양을 정리하며 교묘하게 상대를 봉쇄하는 수단이 있다.

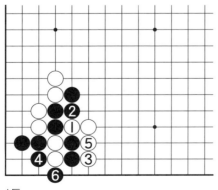

1도

1도(미흡)

백1로 단수하고 3으로 붙이면 6까지 하변은 봉쇄하지만 중앙이 터져 있어 미흡한 결과이다.

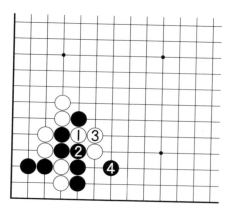

2도

2도(단편적 수단)
백1로 중앙 쪽을 끊더라도 흑2, 4
로 하변에 진출하니 역시 봉쇄에
실패한다.

이런 단편적인 수단으로는 통하
지 않음을 알 수 있다.

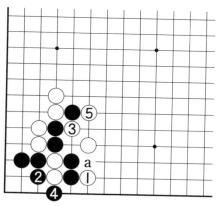

3도

3도(정해/ 옆구리붙임)
백1의 옆구리붙임이 절묘한 맥이
다. 흑2로 잡으면 백3, 5로 중앙을
제압한다.

차후 흑a로 나가는 맛은 있지만
이 정도면 전체적으로 봉쇄에 성공
한 모습이다.

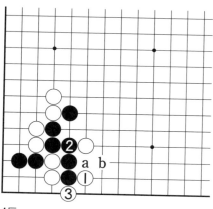

4도

4도(흑, 곤란)
백1에 흑2로 중앙을 잇는 것은 백3
으로 넘어가 흑이 곤란하다.

다음 흑a는 백b로 막혀 흑이 곤
란한 이유이다.

29형 과욕을 응징하는 단호한 수단

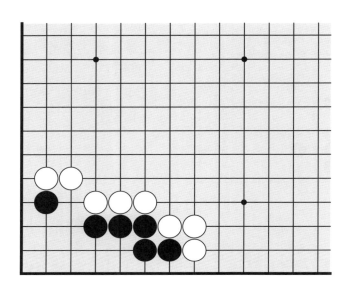

■ 문제도 (백 차례)

귀에서 흑이 의욕에 넘친 행마로 손을 빼며 이대로 살았다고 주장하고 있다.

그렇다면 이런 의욕이 과욕이었음을 깨닫게 하는 백의 응징 수단을 연구해보자.

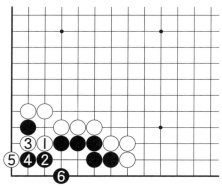

1도

1도(단순한 발상)

백1, 3은 흑 한점에 현혹된 단순한 발상이다.

흑은 6까지 사뿐하게 살아가는 모습이다.

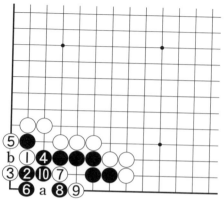

2도

2도(양패)

백1로 붙이고 3, 5면 패가 나는 것 같지만 흑6 이하 10이면 여기서도 패가 난다. 다음 백a로 따내면 흑도 b로 따낼 것이다.

그러고 보니 흑이 양패로 완전한 삶의 모습이다.

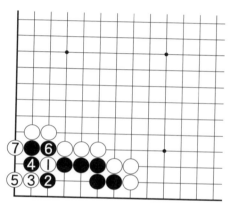

3도

3도(정해 1/ 이단젖힘)

백1, 3의 이단젖힘이 강력한 맥이다. 다음 흑4에 백5로 내려서는 수가 포인트이다.

그러면 흑6에 백7로 연결하며 흑의 죽음을 확인할 수 있다.

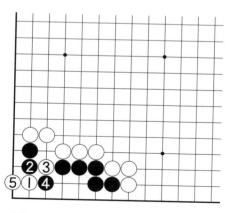

4도

4도(정해 2/ 치중부터)

여기는 백1의 치중도 가능하다. 흑2로 막으면 백3의 끼움이 포인트이다. 다음 흑4에 백5로 내려서면 앞 그림과 같은 진행이다.

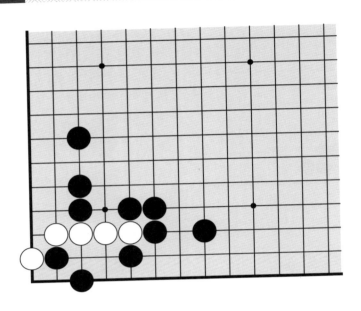

■ **문제도 (백 차례)**

흑이 귀를 묘하게 파고들어 백이 위기에 몰린 상태이다. 모양으로 보면 패가 나기 십상인데 백은 이를 피하며 완벽한 삶을 추구하고 싶다.

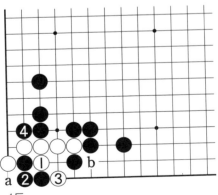

1도

1도(착각)

백1, 3으로 몰아 살았다고 착각하기 쉽다. 그러나 흑4면 간단히 죽고 만다.

백a로 석점을 따내면 흑b로 이어 두 눈을 낼 수 없다.

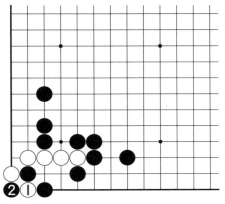

2도

2도(패)

백1로 먹여쳐 패를 내면 앞 그림보다는 낫지만 그냥 사는 수가 있기에 미흡한 결과이다.

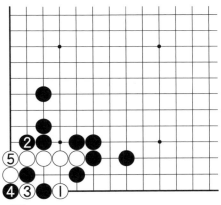

3도

3도(정해/ 기발한 수순)

일단 백1의 건너붙임이 맥이다. 흑2로 이쪽 안형을 조이면 백3으로 먹여친 다음 5로 잇는 것이 기발한 수순이다.

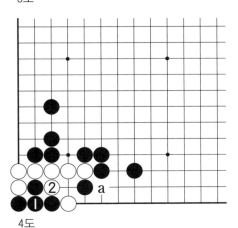

4도

4도(사석작전)

그러면 눌러잡기를 피해 흑1로 이을 수밖에 없는데 이때 백2로 따내면 1과 a를 맞보기로 완벽한 삶이다. 먹여치는 희생타를 통한 절묘한 사석작전이었다.

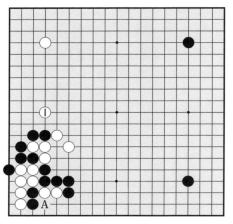

실전1 (흑 차례)

좌하 모양은 소목 협공정석에서 흑이 3三에 붙일 때 백이 안쪽으로 젖히면서 파생된 변화이다. 한참 공방이 진행 중인데 백1로 씌운 장면이다.

정석은 A로 두점을 잡는 것인데 그렇다면 백의 잘못을 응징해서 흑이 귀를 몽땅 잡으러 가보자.

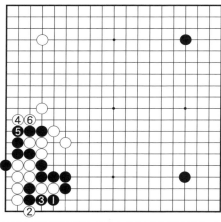

참고도 1(백의 노림)

흑1로 두점을 잡으면 백2의 단수가 수를 늘리는 작용을 해서 4, 6으로 공격하면 변의 흑이 먼저 죽는다. 바로 이 수순이 백의 노림이었다.

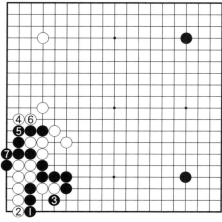

참고도 2(흑승)

흑1로 내려선 후 3으로 두점을 잡는 것이 수를 조이는 맥의 수순이다. 다음 백4, 6으로 공격할 때 흑7의 이음이 연속되는 수상전의 급소이다. 그러면 흑의 1수 승이다.

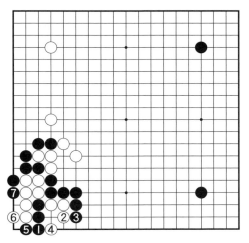

참고도 3(자충 유도)

흑1에 백2, 4의 맥을 구사해도
흑5, 7로 귀를 자충으로 유도해
조이면 백은 다음 어떻게 해도
응수가 어렵다.

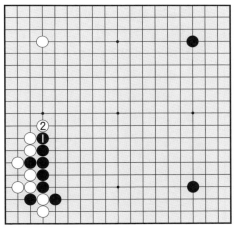

▨ 실전2 (흑 차례)

이번에도 소목 협공정석의 안쪽
젖힘에서 파생된 변화이다.

흑1로 밀었을 때 백2로 젖힌
장면이다. 여기서 흑의 능동적인
작전을 생각해본다.

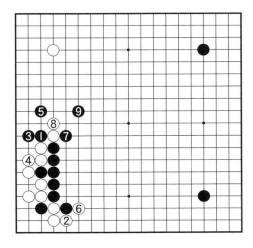

참고도 1(백, 요석 잡힘)

일단 흑1의 끊음이 기세의 맥이
다. 백2로 귀에서 밀면 흑3, 5로
변에서 자세를 잡는다.

내친김에 백6이면 흑7, 9가 장
문의 맥이며 백의 요석 두점을
잡은 흑이 두터운 결과이다.

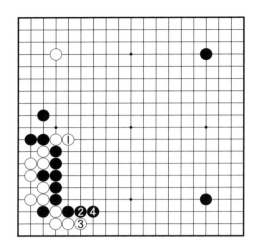

참고도 2(흑, 충분)

만일 백1로 살려 나오면 흑2, 4로 늘어 양쪽 변에서 자세를 잡은 흑이 충분한 국면이다.

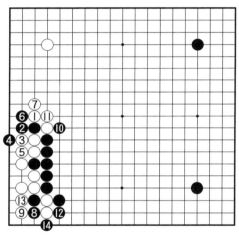

참고도 3(흑, 두터움)

흑의 끊음에 백1, 3으로 두점을 잡자고 덤비면 흑4, 6으로 키워 놓고 8로 귀를 움직인다.

　　백9로 물러서면 흑10을 결정해 좌변 몇 점은 주더라도 14까지 흑이 두터운 결과이다.

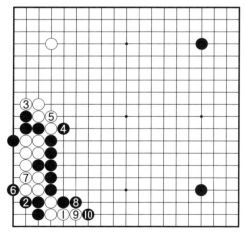

참고도 4(백, 하변 잡힘)

백1로 두점까지 살리려 하면 흑2의 막음이 선수로 듣는다.

　　백3이 필연인데 흑4, 6을 결정한 후 8로 늘면 하변의 백은 잡힌 모습이다. 백9로 나가봐야 흑10으로 막아 그만이다.

4

실전 형세의
맥점 읽기

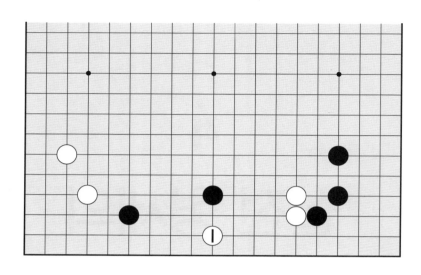

▨ 실전 테마

하변 흑 모양에 백이 저돌적으로 들어온 장면이다. 흑의 공격에 대해 예상과 달리 백은 1로 2선에 크게 파고들었다.

여기서 흑은 어떻게 대처해야 할지 생각하며 맥점을 읽어 본다.

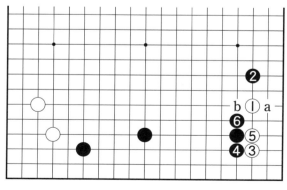

1도

1도(보통)

보통 이 모양에서는 백1로 걸치고 흑2로 협공하면 6까지 된 다음 백이 a나 b를 선택할 것이다.

실전이라면 이런 식의 진행을 많이 둔다.

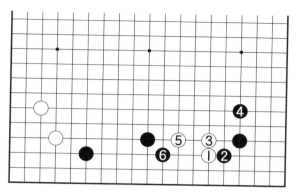

2도

2도(마늘모 공격)

백1로 안쪽에서 걸치면 흑2, 4의 공격을 받아 보통은 좋지 않다. 백5로 벌리면 연이은 흑6의 마늘모 공격이 제격이다.

기본형 백1의 2선 달림은 이를 피해 흑진에 강하게 파고든 것이다.

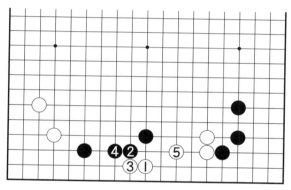

3도

3도(백의 주문)

백1에 흑2, 4로 물러서면 백5로 지킨 자세가 이상적이다.

그러면 백1로 둔 의도가 그대로 통한 모습이다.

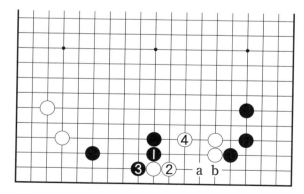

4도

4도(치받음)

흑1의 치받음은 일단 백의 진출을 저지하는 수비적 맥점이다.

그러면 백도 2, 4로 자세를 갖출 수 있다. 당장 흑a의 치중은 백b로 막아 안 된다.

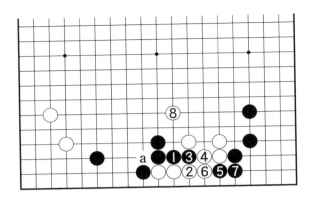

5도

5도(흑도 부담)

흑1 이하로 죄어오면 백2
로 물러선 이후 8로 가볍
게 진출한다.

그러면 백의 안형을 박
탈했지만 흑도 a의 약점
이 신경 쓰여 마음대로 둘
수 없을 것이다.

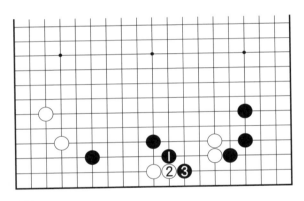

6도

6도(뒤에서 차단)

흑1, 3으로 뒤에서 차단
하는 것이 공격적 맥점이
다. 그러면 백이 수습하기
가 만만치 않다.

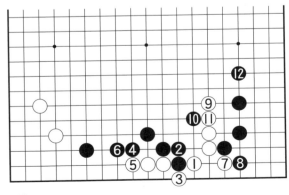

7도

7도(흑, 일방적)

여기서 만일 백1, 3으로
껴붙여 넘어가면 흑은 일
단 4, 6으로 하변을 지켜
놓는다.

그런 후 백7, 9로 진출
할 때 흑10, 12로 집을 키
우며 몰면 흑의 일방적 흐
름이다.

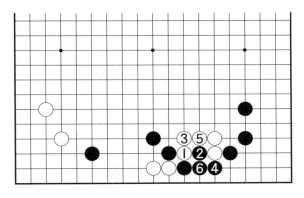

8도

8도(백1, 부분적 맥점)

따라서 6도 다음 백은 1의 끊음이 부분적 맥점이다. 이때 흑2의 단수는 어떨까?

만일 백3으로 이으면 흑4, 6으로 귀와 연결하고 나서 양분된 백이 불리한 싸움이다.

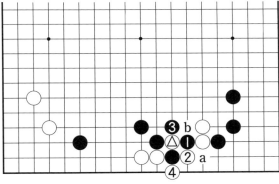

9도

9도(넘어가는 수단)

흑1에는 백2, 4의 맥으로 넘어가는 것이 좋다.

다음 흑a로 끊어 패를 걸면 백이 △로 따낸 후 b로 만패불청할 것이므로 흑이 선택하기 어렵다.

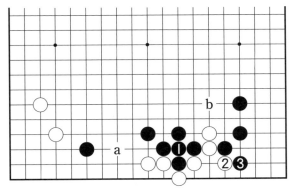

10도

10도(백, 타개 성공)

따라서 흑1로 잇는 정도인데, 그러면 백은 2를 선수한 후 a나 b로 진출해 멋지게 타개하는 모습이다. 7도와 비교해 보면 차이를 실감할 수 있다.

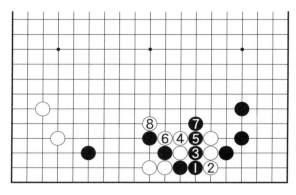

11도

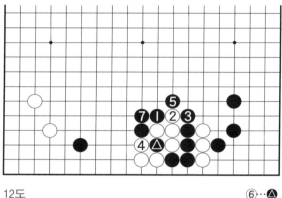

12도

⑥…△

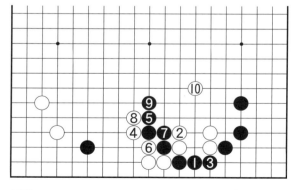

13도

11도(흑7, 미흡)

백의 끊음에는 흑1로 그냥 느는 것이 맥이다. 이때 백2로 차단하면 흑3, 5로 뚫고 나오지만 백6에 단순히 흑7은 백8의 젖힘이 두텁다. 백 석점은 잡았지만 하변이 약해진 흑이 미흡한 결과이다.

12도(흑, 만족)

앞 그림 백6 다음 흑1, 3으로 몰며 나오는 것이 맥이다. 그러면 백4로 따낼 수밖에 없을 때 흑5, 7로 두텁게 봉쇄해 흑의 만족이다.

13도(백, 수습 성공)

따라서 흑1에 백2로 늘고 흑3으로 연결하는 흐름이 보통일 것이다. 이제는 양분된 백의 수습이 문제인데 일단 백4의 붙임이 맥이다. 이때 흑5로 늘면 10까지 난전이지만 백이 양쪽 수습에는 성공이다.

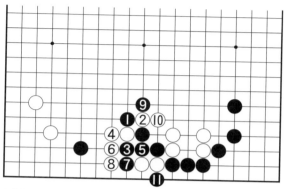

14도

14도(백, 불리)

앞 그림 백4에는 흑1의 젖힘이 정수이다.

이때 백2의 맞끊음이 맥이며 흑3에 백4로 나와 11까지 진행되면 실리를 먼저 빼앗긴 백이 불리한 전투이다.

15도

15도(보통)

따라서 흑1에는 백2, 4로 일단 한점을 잡아두는 것이 보통이다.

이때 흑이 △로 이으면 백a로 늘며 수습하므로 흑의 불만이다.

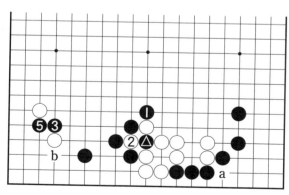

16도

16도(흑, 만족)

흑은 1의 단수가 강수이다. 그런 후 흑3으로 팻감을 쓰고 백4로 해소할 때 흑5로 관통하면 흑의 만족이다. 백은 패를 받고 a의 팻감이 있지만 흑이 다시 b에 팻감을 쓰고 결국 귀를 차지하면 역시 백이 당한 모습이다.

④…△

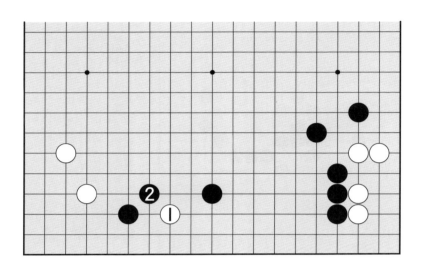

▧ 실전 테마

한칸협공 정석을 활용해서 많이 등장하는 포석이다.

백1의 침입에 흑2의 마늘모로 씌운 장면인데, 여기서 백은 어떻게 수습해야 할지 생각하며 맥점을 읽어본다.

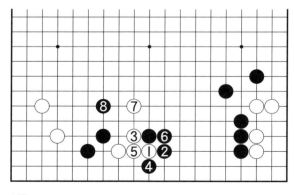

1도

1도(백, 무거움)

백1, 3으로 호구치는 것은 흑4의 단수 한방이 아프고 6으로 잇기만 해도 백이 무거운 모양이다.

백7에는 흑8로 추격해서 백이 많이 시달릴 모습이다.

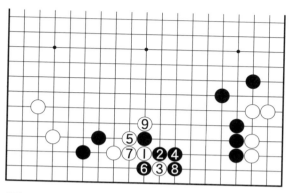

2도

2도(되젖히는 맥)

백1로 붙이고 3으로 되젖히는 것이 수습의 맥이다. 이때 흑4로 물러서면 이번에는 백5로 호구쳐도 탄력이 생긴다.

흑6, 8로 한점을 잡으면 백9의 단수 한방이 기분 좋다.

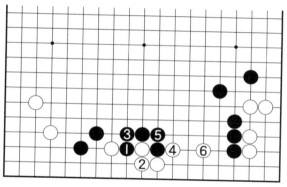

3도

3도(흑진에 좋은 자세)

앞 그림 백3 때 흑1, 3으로 위에서 공격하면 백4, 6으로 흑진에서 사뿐히 자세를 잡을 수 있다.

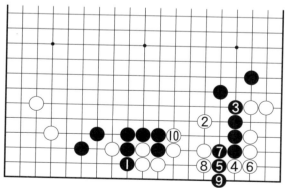

4도

4도(백, 수습에 성공)

계속해서 흑1로 차단하면 백2를 활용한 다음 10까지 수습하는 리듬이 자연스럽다.

백이 흑진을 파헤치며 성공적인 삶의 자세를 취하고 있다.

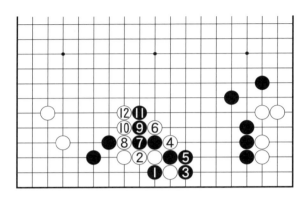

5도

5도(몰면서 관통)

흑1, 3으로 그냥 한점을 잡으면 백4, 6으로 중앙 한점을 모는 것이 맥이다.

흑7로 나가면 백8 이하로 뚫고나가는 흐름이 나쁘지 않다.

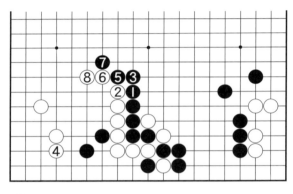

6도

6도(백, 월등)

이후의 진행을 예상해보면 흑1, 3은 기세인데 백4의 지킴은 완급 조절의 행마이다. 이하 8까지 되면 백 모양이 흑진보다 월등하다.

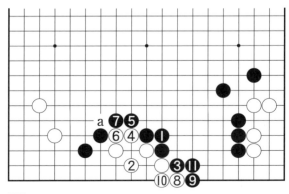

7도

7도(백, 충분)

따라서 백 모양에 손을 대지 않고 흑1로 잇는 것이 부분적 맥으로 좋을 때가 많다. 그러면 백2로 자세를 잡고 흑3에 막을 때 이하 11까지 백은 선수로 아낌없이 살아버려 충분한 모습이다. 차후 a의 단점이 부각될 것이다.

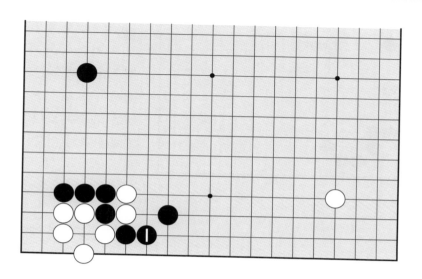

실전 테마

좌하귀 모양은 화점 한칸협공 정석에서 파생된 변화이다.
여기서 흑1로 늘면 중앙이 차단된 백은 어떻게 대처해야
할지 생각하며 맥점을 읽어본다.

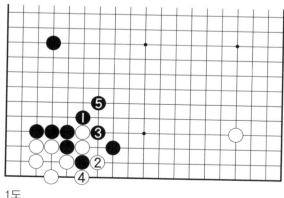

1도

1도(보통)

보통 여기는 흑1로 젖힌
다음 5까지 정리해서 정
석이 완결된다. 그러면 실
리와 세력으로 갈리는 모
양이 된다. 기본형의 흑1
은 중앙 두점을 공격하며
이득을 최대한 얻어내려
는 뜻이다.

213

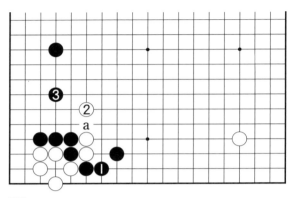

2도

2도(백, 엷음)

흑1에 백2로 뛰면 흑3으로 지키는 자세가 좋다. 백은 a의 매듭이 있어 운신하기가 자유롭지 못해 엷은 모습이다. 따라서 이 진행은 흑의 의도이다.

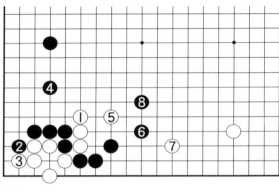

3도

3도(백, 피곤한 행마)

일단 백은 1로 곧추 세우는 것이 두터운 맥이다. 흑2, 4로 뒷맛 없이 방어한 이후가 중요한데 백5의 한칸 행마는 발이 느리다. 흑6에 백7이 요소이지만 흑8로 뛰기만 해도 백이 피곤한 모습이다.

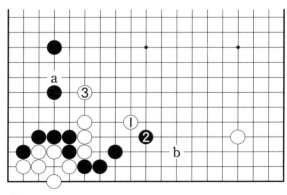

4도

4도(발 빠른 행마)

앞 그림 흑4 다음 백은 1, 3으로 중앙에 자세를 갖추는 것이 발 빠른 대처법이다. 그런 후에 a와 b를 노리면 백이 충분한 모습이다.

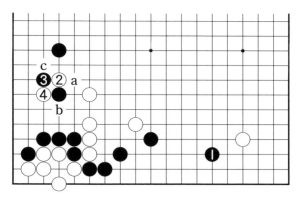

5도

5도(맞끊는 맥)

여기서 만일 흑이 1로 하변을 중시하면 백2, 4로 맞끊는 맥이 작렬한다.

다음 흑a면 백b로 흑 일단이 잡히고, 흑b면 백c로 좌변이 뚫린다.

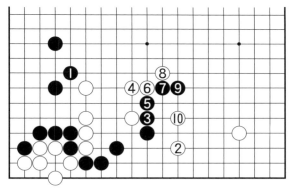

6도

6도(백, 좋은 흐름)

따라서 4도 다음 흑1로 좌변을 지키며 중앙을 은근히 노리면 백은 과감히 2로 하변에 다가선다.

이하 10까지 예상되는 진행이지만 아무래도 중앙도 자연스럽게 지켜가며 흑 대마를 추궁하는 백의 흐름이 좋다.

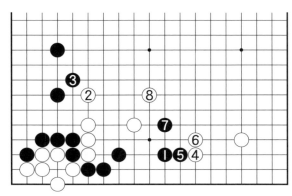

7도

7도(백, 충분)

중앙 백이 두칸으로 뛸 때 흑1로 벌리고 3에 지키면 어떨까? 그러면 흑이 양쪽을 지킨 기분도 들지만 백4, 6으로 하변을 압박한 후 8에 지키는 정도로 충분하다. 백은 귀의 실리와 함께 중앙 자세도 갖춰 기분 좋다.

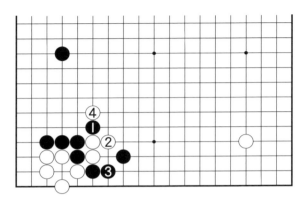

8도

8도(흑의 대처법은?)

따라서 애초 정석 과정에서 흑1의 젖힘이 확실하다. 그런데 백2의 빈삼각으로 견디고 4의 붙임은 무슨 의도일까?

이번에는 흑의 대처법을 알아본다.

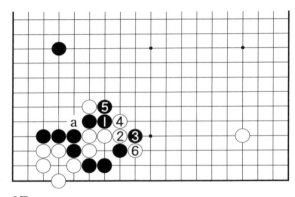

9도

9도(흑, 치명적 약점)

흑1 이하 5로 몰아가는 것은 한때의 기분에 불과하다.

백6에 끊으면 a쪽 약점이 치명적인 흑이 곤란한 모습이다.

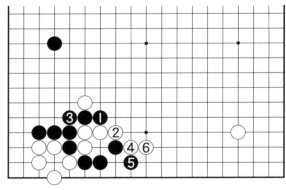

10도

10도(침착한 이음)

흑은 1로 하나 나간 후 3으로 약점을 잇는 것이 상대에게 공략의 기회를 주지 않는 맥이다.

여기서 백4, 6으로 하변을 압박하면 흑이 어떻게 수습해야 할까?

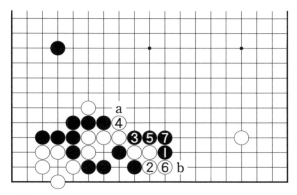

11도

11도(교묘한 붙임)

흑1의 붙임이 교묘한 맥점이다. 백2로 차단하면 흑3으로 끊어 7까지 필연인데, 보다시피 a와 b가 맞보기로 백의 한쪽이 잡히는 모습이다.

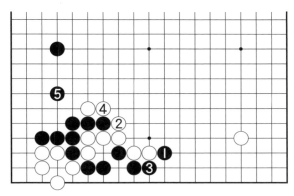

12도

12도(흑, 성공)

흑1에 백2로 우회하면 흑3의 연결이 백의 자충을 유도하므로 기분 좋다.

백4에는 흑5 정도로만 받아도 성공한 결과이다.

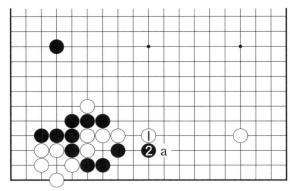

13도

13도(백, 불만)

따라서 10도 흑3 다음 하변을 압박하자면 백1로 뛰는 정도인데 흑2로 붙이면 a로 젖히지 못하는 백이 자연스럽지 못해 불만이다.

217

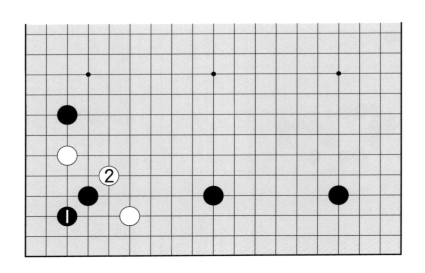

▨ 실전 테마

삼연성 포석에서 한칸협공에 대해 백이 양걸침해 올 경우 흑은 1로 3三에 뿌리를 박고 강하게 싸울 수 있다.

여기서 백2로 귀를 봉쇄하며 씌워온다면 흑은 어떻게 상대를 공략해야 할지 생각하며 맥점을 읽어본다.

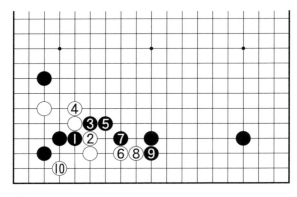

1도

1도(끊어서 싸움 유도)
일단 흑은 1, 3으로 끊어 상대를 갈라놓는다.

그러면 백은 4로 늘고 나서 6, 8로 하변을 움직이며 10으로 귀에 파고들 것이다.

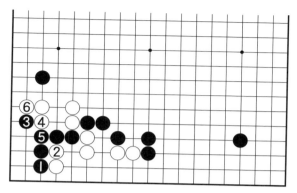

2도

2도(백의 약점)

계속해서 흑1은 당연한데 백2로 자충을 감수하며 4, 6으로 귀를 추궁하면 흑은 하변 백진의 약점을 유심히 살펴야 한다.

그리고 응징하는 맥을 구사해보자.

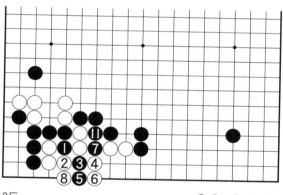

3도

3도(포도송이)

흑1, 3으로 끊고 5로 키우는 것이 교묘한 맥이다.

그러면 이하 12까지 일사천리로 죄어 백 모양을 포도송이로 만들 수 있다.

❾⑫…❸ ⑩…❺

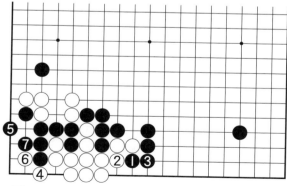

4도

4도(유가무가)

그러고 보니 하변 백은 안형도 없고 탄력도 없다.

흑1, 3으로 조이면 백이 어떻게 해도 죽음만이 기다린다. 백4에 흑5로 지키기만 해도 유가무가 모습이다.

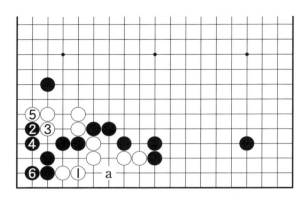

5도

5도(일단 살아둔다)

따라서 백1이 침착한 수
이지만, 그러면 흑은 2 이
하 6으로 일단 귀를 살아
둔다.

당장 a의 치중이면 하
변 백이 위험하므로~

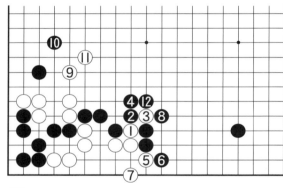

6도

6도(흑, 두터움)

백도 1 이하 7로 중앙에
흠집을 내며 하변을 보강
하는 것이 부분적으로 좋
다. 그러면 선수를 잡고
백9로 진출할 수 있으니
말이다. 그래도 흑10, 12
로 중앙을 빵따내면 흑이
두텁다. 더불어 하변 백에
뒷맛도 있으니~

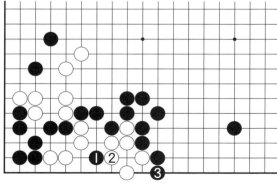

7도

7도(뒷맛)

흑1로 치중하고 백2에 흑
3으로 내려서는 맥이 강
력하다.

그러면 최소한 패가 나
는 모습이다.

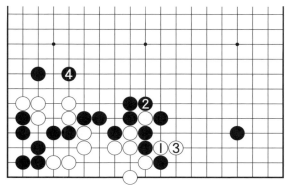

8도

8도(좌변이 위험하다)
따라서 6도 흑8 다음 백
은 내친김에 1, 3으로 하
변을 차지하고 싶지만 흑
4면 이번에는 좌변 백이
움직이기 어렵다.

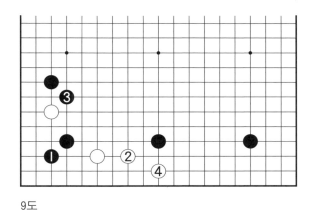

9도

9도(흑, 충분)
애초 삼연성 포석과 같은
배치에서 백1로 양걸침하
면 흑2의 3三이 보기보다
강력했다.
　이때 백은 2, 4로 유연
한 변신도 가능한데 그렇
더라도 백의 자세가 낮고
그 사이 좌변을 제압한 흑
이 나쁠 리 없다.

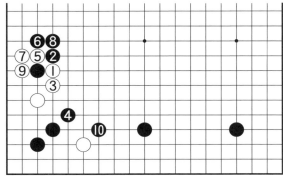

10도

10도(흑, 하변 제압)
백이 좌변을 중시한다면
1로 붙인 후 9까지 모양
을 정비할 수 있다.
　그러면 이번에는 흑이
10으로 하변을 제압해 역
시 불만 없다.

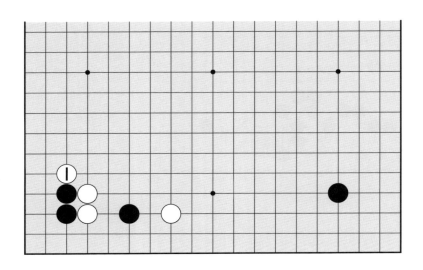

▨ 실전 테마

화점 한칸협공 정석에서 나온 변화로 3三에 침입한 흑의 두점머리를 백1로 과감히 젖힌 장면이다.

이에 대해 흑은 어떻게 대처해야 할지 생각하며 맥점을 읽어본다.

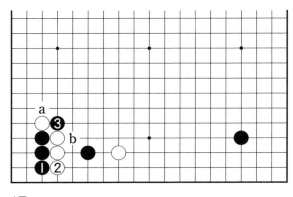

1도

1도(통렬한 끊음)

만일 흑1로 내려설 때 백2로 따라 막으면 흑3의 끊음이 통렬한 맥이다.

다음 백은 a와 b가 동시에 급해지므로 곤란한 모습이다.

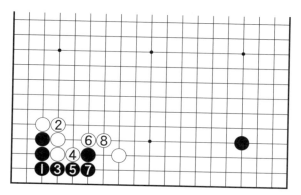

2도

2도(백도 두텁다)

따라서 흑1이면 백2로 잇는다. 그러면 흑3으로 넘은 다음 8까지 예상되는 진행인데 백도 제법 두터워서 불만 없다.

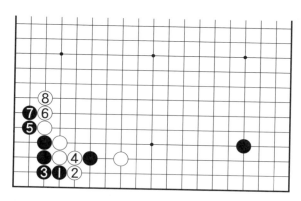

3도

3도(흑, 실격)

먼저 흑1, 3으로 잇는 것이 좋다. 그러나 다음 흑5, 7로 아래로 기어간다면 실격이다.

　백이 의도한 대로 두터움을 헌납한 셈이다.

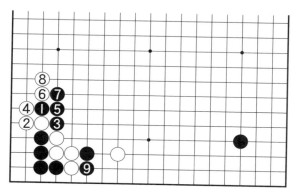

4도

4도(꺼붙임 이후)

앞 그림 백4 다음 흑1로 꺼붙이는 것이 맥이다. 백2로 차단하면 흑3에 끊는다. 백4에 꼬부리면 흑5로 잇고 백6, 8로 변에 나갈 때 흑9로 눌러 백 모양을 공격하는 리듬이 좋다.

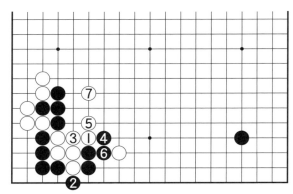

5도

5도(상황 역전)

계속해서 백은 모양이 사납지만 1 이하 5로 나갈 수밖에 없다. 이때 흑6에 이으면 백7로 뛰어 흑 넉 점이 답답하다.

　이러면 상황이 역전되어 백의 흐름이 좋다.

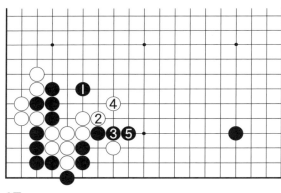

6도

6도(흑, 충분)

앞 그림 백5 때 흑은 1로 뛰어 중앙에 활력을 주고 3, 5로 자연스럽게 하변을 지배하는 것이 맥의 리듬이다.

　그러면 백도 중앙이 불안한 만큼 흑이 충분한 모습이다.

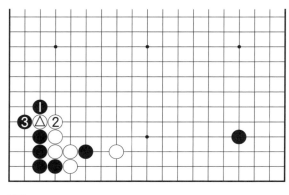

7도

7도(백, 손해)

결론적으로 흑1의 붙임에 백2로 이어야 한다면 흑3으로 연결해 백의 손해이다. 백△가 자충 모양이기 때문이다.

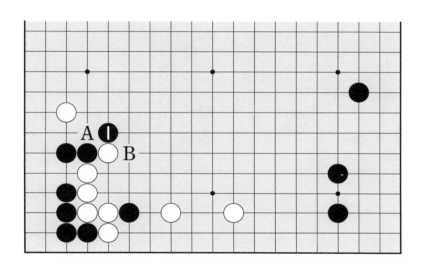

▨ 실전 테마

좌하귀 형태는 화점 한칸협공 정석에서 흑이 3三에 침입한 이후 파생된 장면이다.

흑1에 젖힐 때 백은 A에 끊을지, B로 늘지 기로에 섰다. 선택에 따른 변화를 생각하며 맥점을 읽어본다.

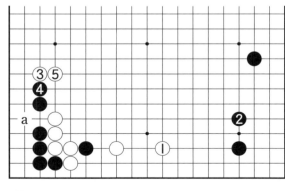

1도

1도(간명책)

기본형은 정석 이후 백1로 벌려 흑2와 교환한 다음 백3의 다가섬에서 출발한다. 이때 흑이 간명하게 두자면 a의 치중을 방어하는 4의 부딪침이 맥이지만 대신 백5로 두터움을 준다.

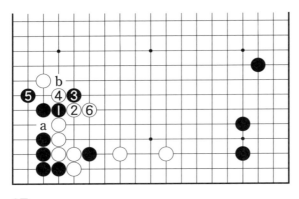

2도

2도(흑, 불만)

따라서 흑1, 3의 젖힘은
기세이다. 여기서 백4의
끊음부터 알아본다. 이때
흑5로 좌변을 지키면 백6
으로 늘어가는 자세가 좋
다. 흑은 a의 약점으로 b
의 단수가 성립하지 않으
므로 약간 불만일 것이다.

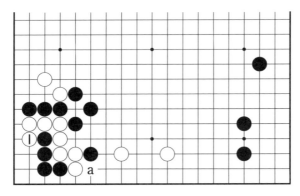

3도

3도(빵따내면 두텁다)

백이 끊을 때 흑1의 단수
한방은 기세이다.

흑의 두려움은 백2로
뚫는 것이지만 흑3으로
물러서고 5로 때려내면
이 자체로 두터움이 전국
을 압도한다.

4도(귀를 잡고 망함)

그러고도 백은 1로 가일
수해야 귀를 잡을 수 있
다. 그러면 흑a의 활용도
있는 만큼 백이 귀를 잡
고도 망한 모습이다.

4도

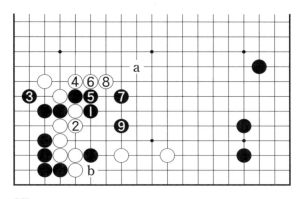

5도

5도(자연스런 흐름)

따라서 흑1에는 백2로 이어야 하고 이때 흑3으로 지키는 수순이 자연스럽다. 다음 백4의 단수부터 9까지는 하나의 틀이다.

여기서 백은 a의 날일자가 대세의 급소이지만 당장 b의 맛이 고약하다.

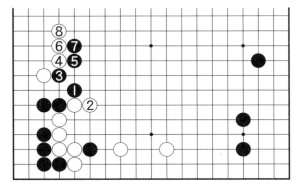

6도

6도(흑, 먼저 밀어간다)

그래서 백1로 지킨다면 흑2로 먼저 밀어가는 자세가 생겨 흐름이 나쁘지 않다.

7도(흑, 불만)

기본형으로 돌아와 흑1의 젖힘에 이번에는 백2로 느는 변화를 알아본다.

이때 8까지 흑이 5선을 밀어주면 그 자체로 불만이다.

7도

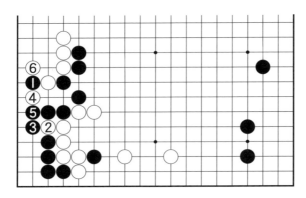

8도

8도(방어가 어렵다)
더구나 흑은 뒷맛까지 있어 1로 붙여 방어하려 해도 6까지 오히려 흑 한점이 잡혀버린다.

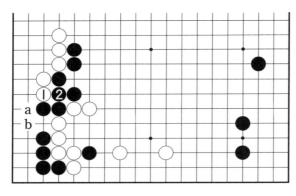

9도

9도(뒷맛 공략)
좌변의 뒷맛이란 차후 백 1을 선수한 후 a나 b로 공략하는 맥이 있는 것이다.

백a는 선수이고, b는 후수이지만 안형을 공격하므로 크다.

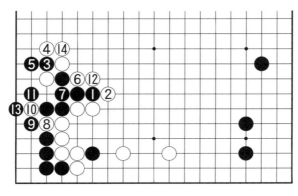

10도

10도(철통같은 봉쇄)
7도 백4 다음 흑1의 변화도 생각할 수 있다. 백2의 젖힘은 기세인데 이때 흑 3에 끊으면 이하 14까지 백의 철통같은 봉쇄가 그림처럼 이루어진다. 수순 중 백8, 10의 맥이 완전한 봉쇄를 보장한다.

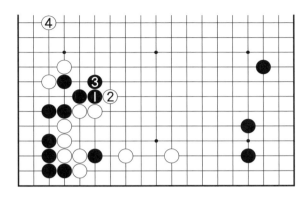

11도

11도(백, 충분)

따라서 흑은 1로 밀고 나서 3으로 꼬부려 진출해야겠지만 백이 4로 좌변을 지키는 정도로 나쁘지 않은 국면이다.

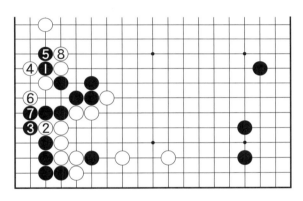

12도

12도(허술하지 않다)

참고로 좌변이 허술해 보인다고 흑1로 끊으면 백2 이하 8까지 교묘한 맥의 수순으로 오히려 흑 두점이 잡힌다.

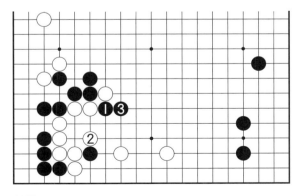

13도

13도(백, 손을 빼도 된다)

11도 다음 흑1로 끊어오면 백2의 젖힘이 수비의 맥이다. 그러면 흑3으로 느는 정도인데 이때 백은 하변에서 손을 빼도 되므로 주도적 국면을 이끌 수 있다.

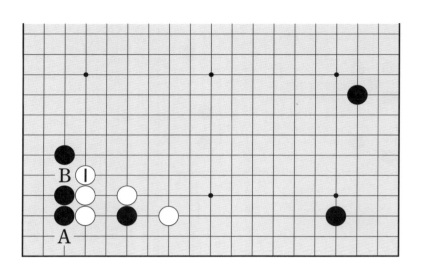

▨ 실전 테마

좌하귀 형태는 화점 한칸협공 정석에서 흑이 양걸침한 후 3三에 침입한 변화이다. 백1로 늘었을 때 흑은 A에 내려설지, B로 이을지 갈등이다. 6형을 참조해서 능동적인 작전을 생각하며 맥점을 읽어본다.

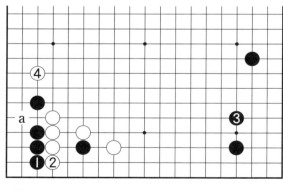

1도

1도(선수이지만 엷음)

우선 흑은 1로 내려서면 선수를 잡을 수 있다. 그러면 큰 자리인 흑3의 굳힘으로 향할 수 있지만 백4의 다가섬도 이에 못지 않은 요처이다. 다음 a의 치중이면 귀는 미생에 불과하므로 엷은 모습이다.

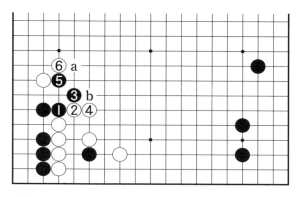

2도

2도(맥의 리듬)

따라서 흑1, 3의 젖힘으로 보강해야 하는데 백은 4에 늘고 6의 젖힘이 맥의 리듬이다. 다음 흑은 a에 젖히든 b로 밀든 썩 마음에 들지 않는다(6형 7도 이후 참조).

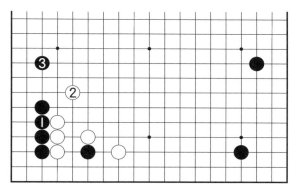

3도

3도(두터운 이음)

기본형으로 돌아와 흑1로 꽉 잇는 것이 발은 느리지만 두텁다.

이제 좌변에 큰 가치가 없어진 백이 2로 중앙을 중시하면 흑3으로 실리를 챙겨 불만 없다.

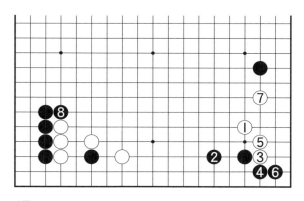

4도

4도(대세의 급소)

만일 백이 큰 자리인 우하귀로 방향을 돌리면 어떨까?

그러면 백1로 걸친 후 7까지 예상되는 정석 진행인데 이때 흑8의 꼬부림이 대세의 급소이며 하변 압박도 겸한다.

231

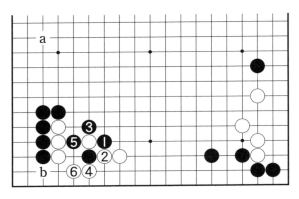

5도

5도(백의 안정)

여기서 백이 a쪽으로 좌변을 견제한다면 흑은 하변을 도모할 수 있다.

그러나 흑1로 젖혀 6까지의 진행이라면 오히려 백의 안정을 도와준 결과이다. b의 젖힘도 생겼고 중앙 흑도 자칫 곤마로 전락할지도 모른다.

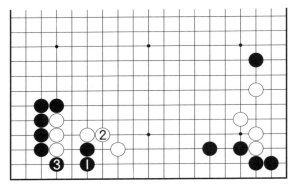

6도

6도(모양을 공략하는 맥)

흑1로 나란히 서는 것이 백 모양을 공략하는 맥이다. 다음 안전하게 백2면 흑3으로 귀와 연결해서 실리가 크며 백은 들뜬 상태가 되었다.

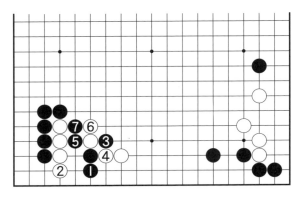

7도

7도(백, 곤란)

흑1에 백2로 차단하면 이제 흑3으로 젖혀 7까지 백이 곤란한 모습이다. 이때 파생되는 축은 흑한테 유리하다는 전제가 있지만, 보통 이 포석은 우상귀에 흑이 착점하므로 충족되는 조건일 것이다.

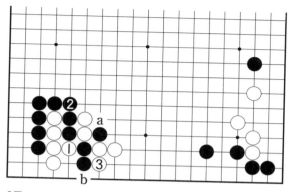

8도

8도(축)

여기서 축이란 앞 그림 다음 백1, 3으로 두점을 잡자고 덤빌 때 a의 단수를 말한다.

다만 축이 불리한 백은 b로 넘어갈 수 있지만 처참한 몰골이다.

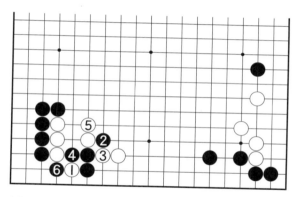

9도

9도(백, 피곤)

만일 백1의 마늘모로 차단하면 흑2로 젖힌 후 6까지 한점을 잡을 수 있다. 역시 백이 피곤한 모습이다.

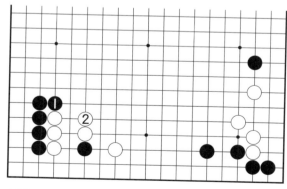

10도

10도(비효율적 지킴)

거슬러 올라가 흑1에 백이 좌변에 둘 새 없이 2정도로 지켜야 한다면 효율이 떨어지는 모양이다.

그 사이 흑은 귀의 단단한 모양을 토대로 좌변을 보기 좋게 구축할 수 있을 것이다.

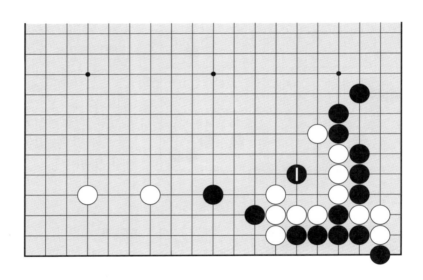

실전 테마

우하귀에서 변으로 이어진 모양은 중국식 포석에서 많이 등장했던 변화이다. 이 장면에서 서둘러 흑1로 급소를 짚어 왔는데 그 의도와 대책을 알아보고, 더불어 귀의 뒷맛에 대해서도 따로 생각하며 맥점을 읽어본다.

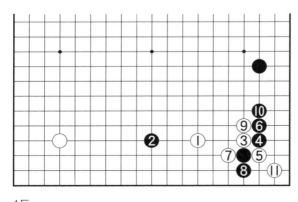

1도

1도(변의 협공에서 출발) 기본형은 변에서 백1로 다가서고 흑2의 협공에서 출발한다.

백3, 5의 맞끊음은 타개의 맥인데 흑6으로 늘고 백7, 9에 또 흑10으로 늘면 백10의 마늘모 행마가 요령이다.

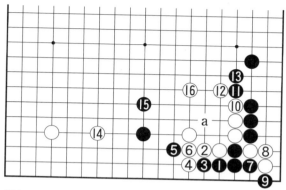

2도

2도(자연스런 행마법)

계속해서 흑1 이하 백14의 협공은 자연스런 행마법이다.

다음 흑15와 백16으로 서로 보강하는 것이 보통인데 기본형은 흑이 보다 적극적으로 a의 급소를 먼저 짚어왔던 것이다.

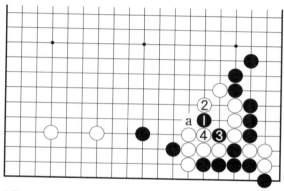

3도

3도(흑의 의도)

흑1의 의도는 당장은 축이 불리해도 축머리를 이용하겠다는 생각이다.

그러면 백은 파탄나기 전에 어떤 식으로든 축을 해소해야 한다. 그런데 a로 막는 것은 제자리걸음이라 마음에 들지 않는다.

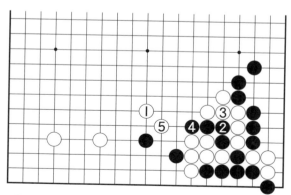

4도

4도(절호의 모자)

하변을 압박하는 백1의 모자가 축까지 내다본 절호의 맥점이다. 상대가 축머리를 믿고 흑2, 4로 나오면 앞을 가로막는 백5의 마늘모가 2차 맥점이다. 그러면 축은 성립하지 않지만 봉쇄는 가능하다.

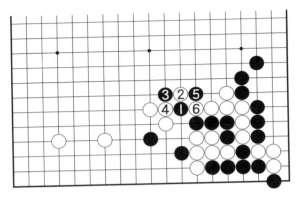

5도

5도(흑, 넉점 잡힘)

계속해서 봉쇄를 피하려
면 흑1 정도인데 백2로
붙인 후 4, 6으로 끊는 것
이 맥의 리듬이다. 그러면
흑 넉점이 잡힌 모습이다.
백은 축머리를 감수해도
하변을 이 정도로 제압했
으니 만족 이상일 것이다.

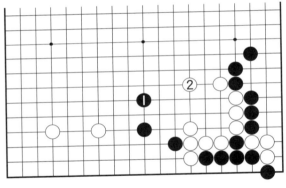

6도

6도(서로 정돈)

따라서 하변은 흑1과 백2
로 모양을 서로 정돈하는
것이 보통이다.

　이번에는 우하귀의 뒷
맛에 대해 알아본다. 이런
뒷맛 때문에 전체적으로
흑이 약간 미흡한 느낌도
들지 모른다.

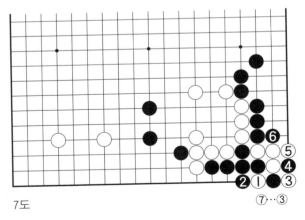

7도

⑦…③

7도(이단패)

우선 백1, 3으로 연속 먹
여치고 5면 패가 나는데
정확히는 이단패 모양이
다. 단패라면 당장 강력하
지만 이단패라도 내내 흑
의 부담으로 남을 것이다.

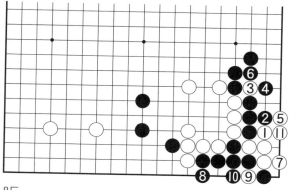

8도

8도(백, 후수 빅)

경우에 따라 백은 1로 나가 3, 5를 선수한 후 11까지 수순이면 빅이 난 모습이다.

다만 후수이므로 선택 시기가 중요하다.

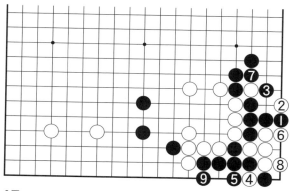

9도

9도(백, 선수 빅)

앞 그림 백3 때 흑1이면 백2의 붙임이 맥이다. 그러면 흑3에 백4로 먹여친 후 9까지 역시 빅이다.

앞 그림과 비교해서 흑이 약간 이득을 얻었지만 백의 선수이므로 오히려 흑의 손해일 것이다.

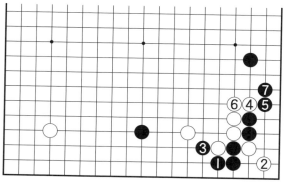

10도

10도(유력한 꼬부림)

흑이 귀의 뒷맛을 피하자면 실은 1도 백9 때 흑1로 꼬부리는 변화가 유력하다. 이제 와서 백2의 마늘모는 흑3으로 전환한다. 백4에 흑5, 7로 넘어가고 나면 백이 망한 모습이다.

237

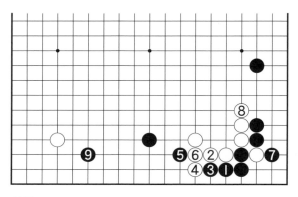

11도

11도(흑, 유리)

흑1에 백2로 늘면 흑이 3, 5를 결정한 후 이제는 7로 귀의 한점을 잡는다.

백8이 요소일 때 흑이 9로 하변에 선착하면 단연 유리하다.

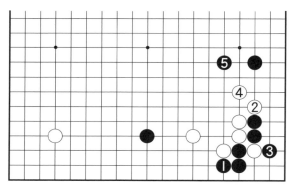

12도

12도(백, 불리)

흑1에 백2쪽을 먼저 젖혀도 흑3으로 잡아둔다. 그러면 백4로 지키는 정도인데 흑5로 뛰면 중앙이 아직 불안한 백이 불리한 모습이다. 그 사이 하변도 흑이 선착할 공산이 크다.

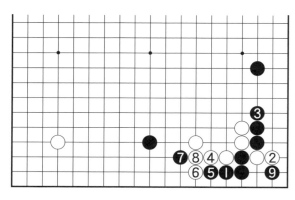

13도

13도(차이)

이 포석에서 누가 선수를 잡고 하변으로 향하는지도 중요했다. 흑1에 백2로 늘면 그런 점은 해결된다. 다음 흑3에 늘고 8까지는 필연이다.

그런데 기본형과 차이는 흑9로 귀를 확실히 제압한 데 있다. 그러면 귀의 패맛은 사라진다.

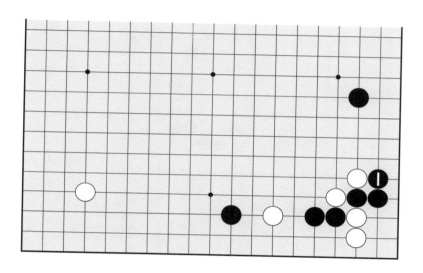

실전 테마

우하귀 모양은 중국식 포석에서 낮게 다가서고 협공할 때 흔히 나올 수 있는 변화이다.

이 장면에서 흑1로 꼬부릴 때 백은 어떻게 수습해야 할지 생각하며 맥점을 읽어본다.

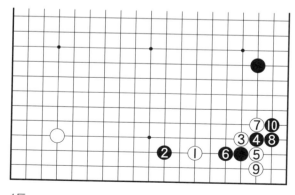

1도

1도(과정)

우선 기본형의 진행 수순을 알아보자. 변에서 백1로 낮게 다가서고 흑2로 역시 낮게 협공해서 출발했다. 백3, 5의 맞끊음은 알려진 수습의 맥이며 흑6으로 늘고 백7, 9에 흑10으로 꼬부린 장면이다.

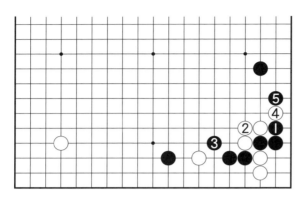

2도

2도(껴붙임)

흑1에 얼른 백2로 잇고
양쪽을 맞보기로 하고 싶
은 생각도 들 것이다. 흑3
에 나가면 백4로 막는 기
분이야 좋겠지만 흑5의
껴붙임이 맥이다. 그러면
백이 난관에 부딪친다.

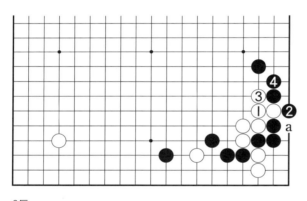

3도

3도(백의 난관)

계속 진행하자면 백1의
이음인데 흑2, 4로 넘어
가고 나면 사방에 흩어진
백의 연결고리가 없다.

　귀는 a로 먹여쳐 겨우
살릴 수 있겠지만 백은 당
장 양쪽이 급하다.

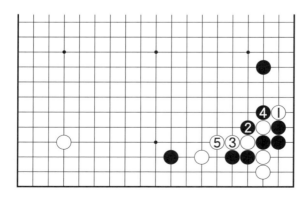

4도

4도(수습의 이단젖힘)

백1의 이단젖힘이 수습의
맥이다.

　여기서 흑의 다음 수도
중요한데 2, 4로 한점을
잡으면 백은 5로 하변 두
점을 잡아 만족이다.

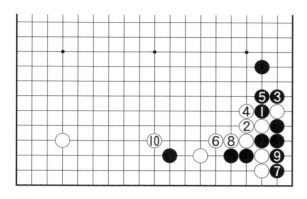

5도

5도(두터운 씌움)

또 흑1, 3으로 우변 한점을 잡으면 백은 8까지 바깥을 조인 다음 10으로 씌우는 자세가 두텁다.

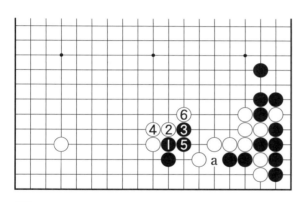

6도

6도(중앙 진출이 어렵다)

여기서 흑은 중앙으로 가르고 나갈 수는 없다.

백이 워낙 두터워 흑1 이하로 나가봐야 백6에 더 이상 진출이 어렵다. 백a도 선수이지 않은가.

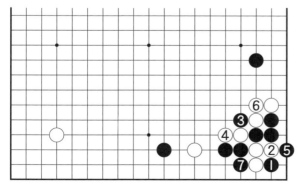

7도

7도(백, 곤란)

흑도 여기서는 바깥을 건드리지 않은 채 1의 붙임이 교묘한 맥이다. 이때 백2면 흑3으로 하나 끊어 놓고 5에 막는 수순이 좋다. 백6에 이을 때 흑7로 귀를 잡고 나면 요석이 끊긴 백이 곤란한 모습이다.

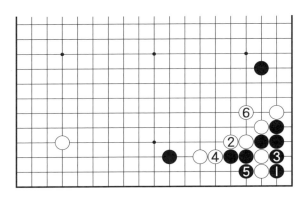

8도

8도(백, 충분)

흑1에는 백도 2로 바깥을
눌러가야 한다.

이때 흑3으로 귀를 잡
으면 백4, 6으로 좋은 자
세를 갖춘 백이 충분하다.

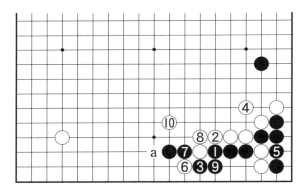

9도

9도(백도 두텁다)

앞 그림 백2 때 일단 흑
은 1, 3으로 변과 연결하
는 것이 급선무이다. 그러
면 백은 4로 지키고 6, 8
로 변을 결정한 후 10의
중앙 요소를 차지하며 일
단락이다.

이 진행은 흑 실리도
크지만 중앙 요소를 차지
하며 a의 맛을 남긴 백도
두터워 불만 없다.

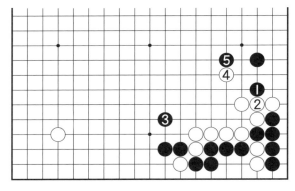

10도

10도(중앙 요소)

앞 그림 백10의 자리는
요소라고 했다.

만일 백이 그곳을 두지
않으면 반대로 흑1, 3의
공격이 위력적이다. 다음
흑은 5로 압박하며 모양
을 키워갈 것이다.

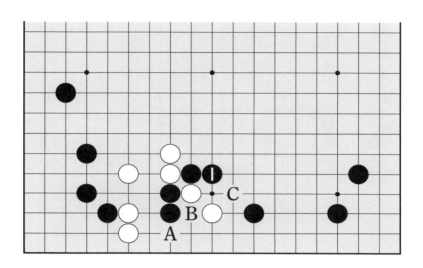

▨ 실전 테마

화점 소목굳힘 포석에서 백이 갈라친 이후 손을 뺄 경우 파생되는 변화이다.

흑1로 늘면 백은 A~C의 수단을 고려하게 되는데, 이에 대한 흑의 대책을 생각하며 맥점을 읽어본다.

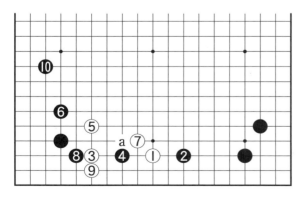

1도

1도(과정)

하변 흑 진영에 백1의 갈 라침으로 출발한다. 백3 에 흑4의 침입이면 이하 10까지 나올 수 있는 정 석 변화이다. 여기서 백이 a로 보강하면 안전하지만 발이 늦다 생각하면 큰 자 리로 손을 뺄 수 있다.

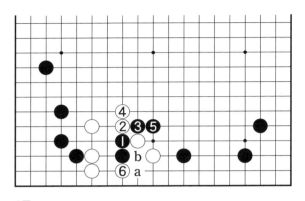

2도

2도(백이 손을 뺄 경우)
그러면 흑1, 3으로 끊어 응징하러 올 것이고 백4로 늘면 흑5까지 기본형의 진행 수순이다.

여기서 백6의 붙임 수단부터 생각해본다. 이때 흑a는 백b로 끊어 흑이 곤란하다.

3도(백의 의도)
따라서 흑1로 일단 단수하며 나가야 할 것이다.

그런데 다음 흑3으로 그냥 따내면 백4가 선수가 되어 흑이 한 박자 늦다. 그러면 백의 의도가 통한 결과이다.

3도

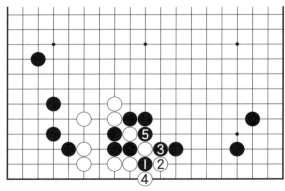

4도

4도(백, 패의 부담)
여기는 흑1로 끊는 것이 맥이다. 백2로 잡을 때 흑3, 5로 패를 만들며 조이는 것이 이어지는 맥이다.

그러면 흑은 두텁고 백은 패의 부담을 안고 있어 불안한 모습이다.

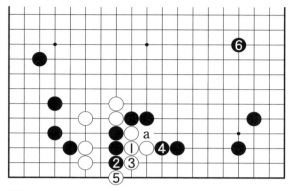

5도

5도(봉쇄의 맥)

기본형으로 돌아가 이번에는 백1로 막는 변화이다. 그러면 흑2로 키우고 4로 틀어막는 것이 봉쇄의 맥이다.

다음 흑6으로 벌리면 a도 선수인 흑이 두터운 모습이다.

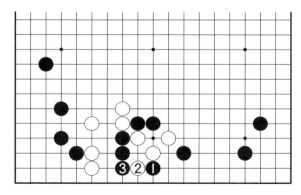

6도

6도(백, 만족)

이번에는 백1로 나오는 변화이다.

이때 흑2, 4로 선수하고 6의 장문이면 한점은 잡지만, 하변 두점을 선수로 깔끔하게 잡은 백이 7로 흑 모양을 견제하면 백의 만족이다.

7도(붙이고 막는다)

여기는 흑1의 붙임이 맥점이다. 백2면 흑3의 막음을 기억해야 한다.

그러면 백이 어떻게 대응해도 좋은 결과를 기대할 수 없다.

7도

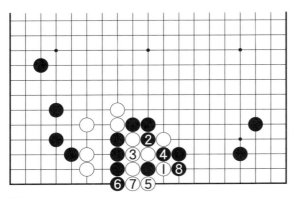

8도

8도(백, 죽음)

만일 백1로 잡으면 흑2, 4
로 끊으며 8까지 죄어 하
변 백 전체가 알기 쉽게
죽음이다.

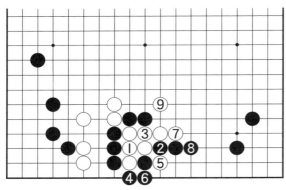

9도

9도(타개 성공?)

따라서 백1의 이음이라야
탈출이 가능한데 이때 흑
은 2, 4로 일단 연결한다.

다음 백이 5, 7을 선수
한 후 9의 장문으로 두점
을 잡으면 분명 타개에 성
공한 것처럼 보인다.

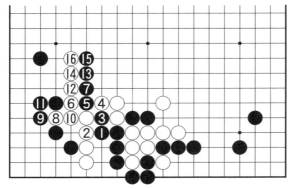

10도

10도(부분 성공에 불과)

그러나 부분적 성공에 불
과하다. 실은 흑1~5로
나가 끊으면서 본격적 음
모가 시작된다.

그러면 백은 6 이하 16
까지 흑진을 헤치며 탈출
이 불가피한데~

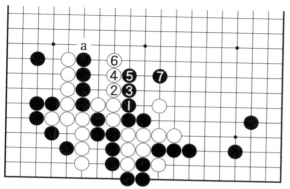

11도

11도(백, 곤란)

여기서 흑이 1로 장문으로 잡혔던 두점을 움직여 나와 7까지 되레 공격태세를 취하면 성공적이다.

백은 a의 맛도 심각하고 하변도 급해 곤란한 모습이다.

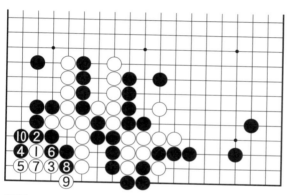

12도

12도(후수로 눈 하나뿐)

참고로 귀는 백1로 치중해도 사는 안형은 없다. 이하 10까지면 겨우 후수로 눈 하나이다.

수순 중 백3으로 6에 치받아도 흑4의 젖힘이 맥인데 역시 백은 후수로 눈 하나임을 확인한다.

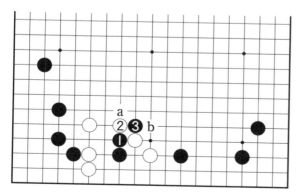

13도

13도(결론)

결론적으로 이런 모양에서 백이 손을 빼면 흑1, 3의 끊음이 강력한 노림인데 이때 백a로 올라서면 흑b로 늘어 백이 좋은 결과가 없었다. 주제에서는 벗어나지만 그렇다면 백은 b로 단수해 싸우는 것이 기세일 것이다.

247

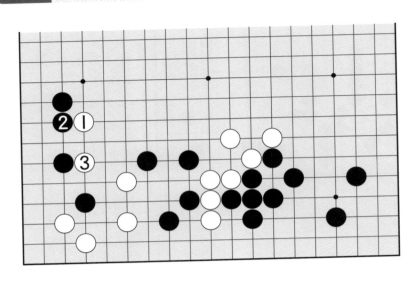

실전 테마

화점 소목굳힘 포석에서 하변 전투가 어느 정도 일단락된 장면이다.

백1, 3으로 어깨 붙여 은근히 하변 흑진을 노리고 있다. 이에 대한 흑의 대책을 생각하며 맥점을 읽어본다.

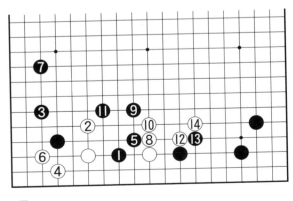

1도

1도(과정)

변에서 흑1의 침입으로 출발한다. 백2, 4로 귀에 파고들면 흑5의 반격은 기세이다. 그러면 백은 6의 요소를 선수한 후 하변 한점을 8, 10으로 움직이고 12, 14로 타개해 나가는 것이 보통이다.

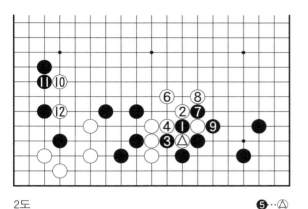

2도

5‥△

2도(정비 요령)

계속해서 흑1의 단수에 백2 이하 6까지 정비하는 것이 요령이다.

다음 흑7, 9로 한점을 따낼 때 백10, 12로 즉각 어깨 붙여 노림수를 가동한 장면이다.

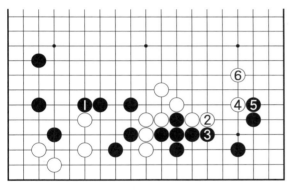

3도

3도(흑, 성급한 보강)

좌변에서의 노림을 애초부터 차단하고 싶다면 앞 그림 백6의 시점에서 흑1로 보강하면 안전하다.

대신 백2 이하 6으로 움직이면 두터워지므로 흑이 서두른 감이 짙다.

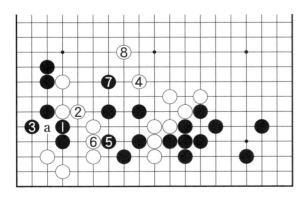

4도

4도(백의 노림)

기본형 다음 흑a는 이 자체로 굴복이므로 여기를 두자면 1, 3이 효과적 지킴일 것이다.

그러면 백은 4와 8로 넓게 씌워 공격하며 국면을 리드해간다. 백의 노림이 통한 모습이다.

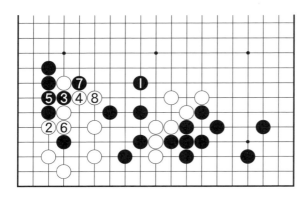

5도

5도(대세의 급소)

여기는 우선 흑1로 뛰는 것이 대세의 급소이다.

백2로 젖히면 흑은 3, 5로 끼워잇고 8까지 일단 정비해 놓는다.

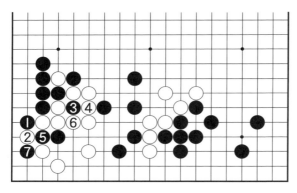

6도

6도(백, 손실이 크다)

다음 흑1의 젖힘이 맥인데 백이 받기가 매우 까다롭다. 백2로 막으면 흑3의 끊음이 또한 관련된 맥이다. 백4로 차단하면 흑5, 7로 한점이 잡혀 백의 손실이 크다.

7도(백, 불리)

그렇다고 흑1에 백2로 귀를 지키면 흑3에 이을 것 아닌가.

기껏해야 백은 4로 들여다보며 12까지 중앙을 관통할 수 있지만 그 사이 흑이 중앙 대마를 정비하며 13으로 두점을 따내면 백이 크게 불리하다.

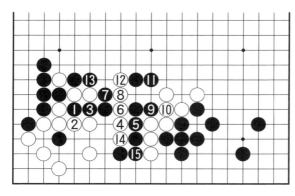

7도

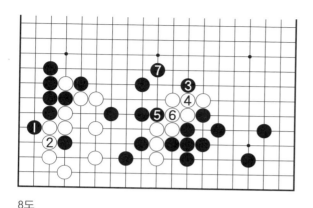

8도

8도(흑, 국면 압도)

거슬러 올라가 흑1에 백2로 이으면 안전하지만 중앙에서 흑은 3에 들여다보며 7까지 파괴적인 공격의 맥으로 몰아칠 것이다. 흑이 국면을 압도하고 있다.

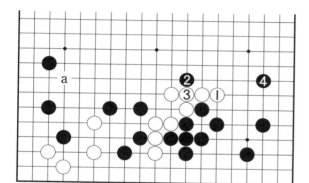

9도

9도(백, 둔탁한 행마)

결론적으로 이 장면에서 백이 a의 노림은 성급했고 중앙을 보강하든지 다른 유연한 발상이 필요했다. 그렇다고 백1로 느는 것은 둔탁한 행마이다. 흑이 2, 4 정도만 두더라도 실리에서 앞서갈 것이다.

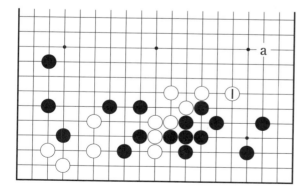

10도

10도(유연한 발상)

백이 중앙을 보강하고 싶다면 1의 뜀이 탄력이 있어 더 나을 것이다.

그보다 차라리 백은 1 대신 a쪽에 벌려 유연하게 두는 행마도 유력한 발상이다.

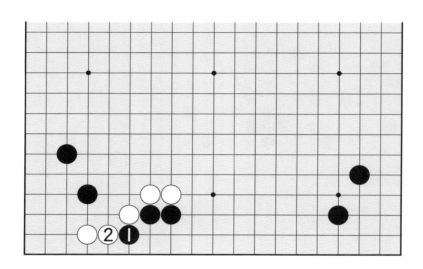

🟦 실전 테마

이번에도 화점 소목굳힘 포석에서 나온 변화이다. 흑이 뒤에서 붙인 이후 1의 젖힘에 백2로 막은 장면이다.

실은 약간의 꼼수가 동반된 백의 강공책인데 이에 대한 흑의 대책을 생각하며 맥점을 읽어본다.

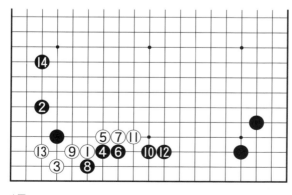

1도

1도(과정)

백1, 3 때 흑4로 뒤에서 붙이면서 시작된다. 흑8의 젖힘에 백9가 보통이며 14까지 정석이다.

우하귀 굳힘과 어울려 하변 흑 모양이 제법 좋으므로 백은 기본형의 2로 변화를 구한 셈이다.

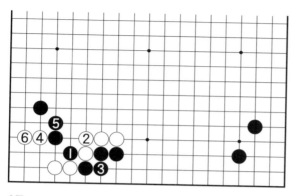

2도

2도(흑, 불만)

기본형 다음 흑1로 끊고 3으로 이으면 백4의 붙임이 맥이다. 흑5로 늘면 이번에는 백6의 쌍점이 귀를 지키는 맥이다. 그러면 귀를 내주며 좌변과 하변이 급해진 흑이 불만이다. 백의 작전 성공이다.

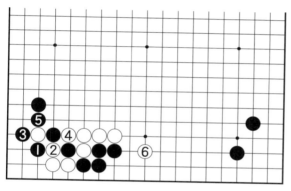

3도

3도(백, 하변 압박)

앞 그림 백4 때 흑1, 3으로 한점을 잡는 것이 보통 기세이지만 백이 4의 선수 후 6의 날일자 맥으로 하변을 압박하면 흑이 살더라도 대세에 밀린다.

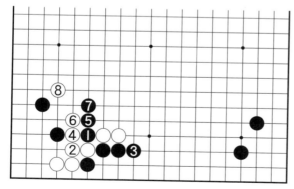

4도

4도(백의 흐름이 좋다)

처음으로 돌아가서 흑은 1로 중앙 쪽의 끊음이 좋다. 그러나 다음 흑3으로 늘면 궁합이 맞지 않다.

그러면 백4 이하 8로 흑진을 가르며 뚫고 나오는 흐름이 좋다.

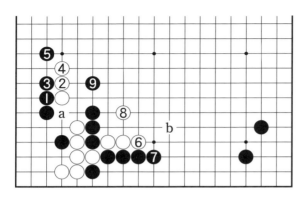

5도

5도(백, 유리)

계속해서 흑1~5로 변에서 수습할 때 백6, 8로 중앙을 추격한다.

그러면 흑9로 진출할 때 백은 a로 보강하며 다음 공격태세를 취하든 b로 하변을 선제 압박하든 유리한 흐름이다.

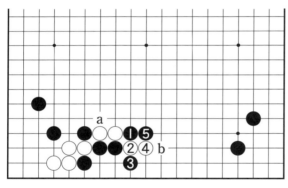

6도

6도(맞보기)

흑은 4도의 3으로 늘지 말고 흑1의 젖힘이 급소이다. 이때 백2로 끊어 추궁하고 싶지만 흑3, 5로 몰면 양쪽이 맞보기에 걸린다. 즉 a의 축과 b의 단수이다.

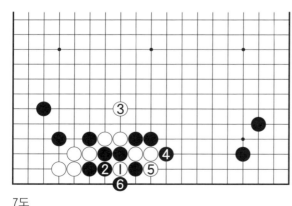

7도

7도(임시조치)

여기서 백이 1로 변을 임시조치한 후 3으로 중앙의 축을 방어해도 흑4, 6이면 백이 어렵다.

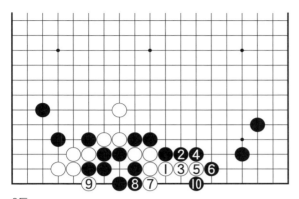

8도

8도(백, 1수 부족)

계속해서 백1 이하로 수를 늘려 수상전을 시도해도 흑10에 이르러 백의 1수 부족이다.

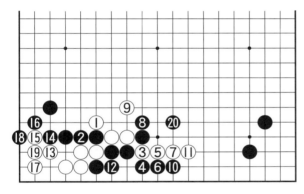

9도

9도(백의 행마가 어렵다)

백1로 중앙을 단수해서 축을 미리 대비한 후 3에 끊으면 어떨까?

그러면 흑4, 6으로 밑에서 밀고 8을 하나 선수한 후 10으로 계속 밀어가면 백의 행마가 어렵다. 이하 20까지 양쪽으로 갈라진 백이 휘청거리는 모습이다.

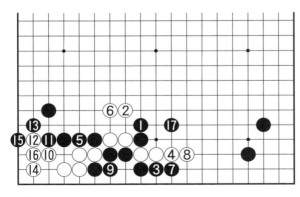

10도

10도(같은 수순)

흑은 중앙의 축이 불리하더라도 6도 백4 때 흑1을 먼저 선수한 후 3으로 밀어갈 수 있다.

다음 흑5가 중앙에서 선수로 듣게 되므로 이하 17까지 앞 그림과 같은 수순을 밟을 수 있다. 역시 백이 어려운 장면이다.

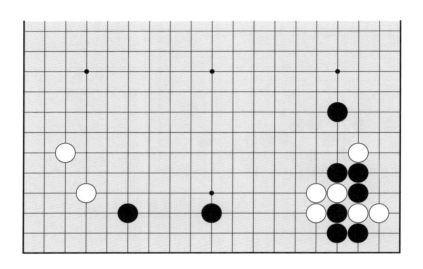

▨ 실전 테마

귀에서 한참 접전이 벌어지고 있는 중인데, 백이 어떻게 풀어가야 할지 고민이다. 쉽게 생각했다간 역습을 당할지도 모른다. 우하귀의 모양과 함께 하변의 배치에 주목해야 한다. 귀와 변을 연계하는 장대한 맥의 흐름을 읽어본다.

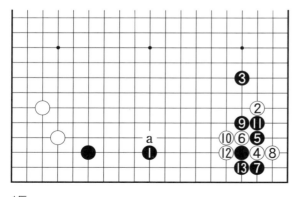

1도

1도(과정)

흑a가 아닌 1의 낮은 벌림부터 뭔가 노림의 낌새가 짙다. 귀의 소목과 더불어 낮은 편재를 자청하고 있으니 말이다. 백2의 걸침에 흑3의 협공과 5 이하의 낮선 수순이 발톱을 숨기고 있음을 증명한다.

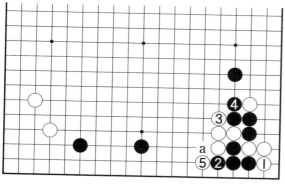

2도

2도(함정 코스)

당장 백은 1~5의 수순으로 흑 넉점을 잡고 싶을 것이다. 흑a의 끊음이면 축도 있고 늘어도 그만이기 때문이다.

그런데 여기에 흑의 무서운 함정이 있었다.

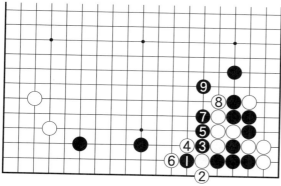

3도

3도(껴붙이는 맥)

흑1로 껴붙이는 맥이 숨기고 있던 발톱이다.

이때 백2로 차단하면 흑3에 끊은 후 9까지 중앙 백이 잡힌다.

4도(변과 연결에 성공)

따라서 흑1에는 백2로 이을 수밖에 없다. 그러면 흑3에 넘어가고 백4의 씌움에도 흑5로 변과 연결하는 데 성공한다.

이때 흑⚫의 낮은 벌림이 제격이지 않은가. 그러고 보니 변과 더불어 자연스럽게 귀의 석점을 잡은 흑집이 매우 크다. 중앙 백은 미생에 불과하다.

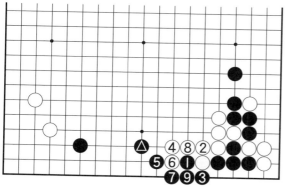

4도

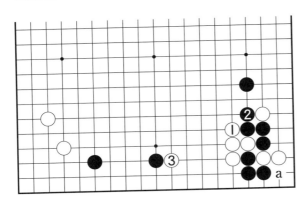

5도

5도(귀와 연계된 맥점)

여기는 백1을 결정한 후 3의 붙임이 귀와 연계된 수습의 맥점이다.

이때 흑이 덩달아 대구하면 이제는 백a로 석점을 잡으러 갈 수 있다.

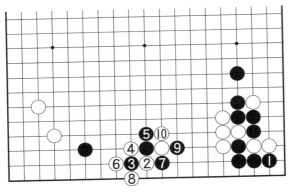

6도

6도(흑, 곤란)

따라서 변에 백이 붙이면 무조건 흑1로 잡아야 한다. 그러면 백2로 먼저 젖히는 흐름이 되어 수습에 생기가 돈다.

만일 흑3으로 버티면 백4, 6으로 한점을 잡은 후 10까지 축이 불리한 흑이 곤란한 모습이다.

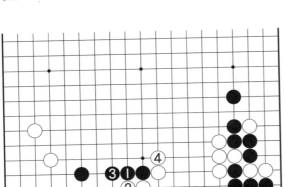

7도

7도(백, 정비에 성공)

그렇다면 흑1로 늦춰야 하는데 백은 2, 4로 힘차게 올라설 것이다.

이런 식의 진행이면 백이 모양 정비에 성공한 모습이다.

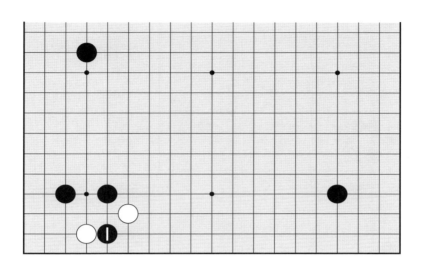

▨ 실전 테마

귀의 모양은 소목 걸침에 흑이 한칸으로 씌우고 백이 날일자로 달렸을 때 흑1로 건너붙인 장면이다. 이런 포석 배치에서 흔히 나올 수 있는 변화이지만 흑1은 생소하다. 백이 어떻게 처리하면 좋을지 생각하며 맥점을 읽어본다.

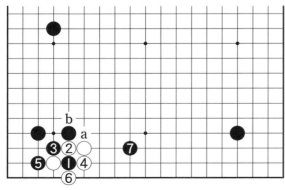

1도

1도(백, 비효율)

흑1에 백2와 흑3은 서로 당연한 끊음이다.

여기서 백4로 잡으면 흑5, 7로 압박해 백 모양이 비효율적이다. 다음 백 a로 밀기라도 하면 흑b로 늘어 흑 모양만 좋아질 뿐이다.

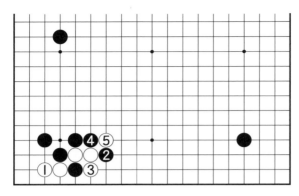

2도

2도(코붙임)

흑이 끊을 때 백1로 빠지면 흑2의 코붙임이 맥점이다.

이때 아무래도 백은 귀를 우선 보호해야 하므로 3으로 한점을 잡고 기세상 5로 끊을 것이다.

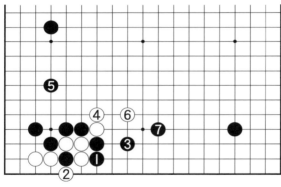

3도

3도(흑, 활발)

그러면 흑1, 3으로 모양을 잡은 후 7까지의 진행이 예상된다.

이 결과 백이 귀에서 실속은 차렸지만 중앙이 엷어 부담이 되므로 흑이 활발한 형세이다.

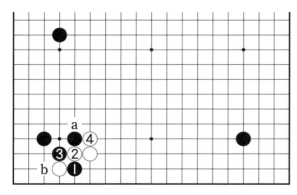

4도

4도(꼬부리는 맥)

흑1, 3으로 끊으면 백4로 위쪽에 꼬부리는 것이 기억할 만한 맥이다.

이때 덩달아 흑a로 늘면 이제는 백b로 빠져 흑이 크게 당하므로~

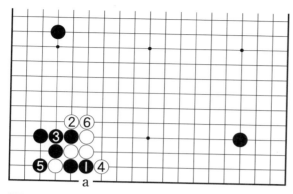

5도

5도(백, 두터움)

모양 상 흑1로 귀에서 밀어야 한다.

그러면 백은 2의 단수 한방을 알리고 4로 막은 후 6의 이음까지 a의 활용도 있어 제법 두터운 모습이다.

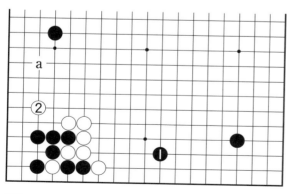

6도

6도(하변에 좋은 모양)

다음 진행을 예상해 보면 누가 편한지 짐작할 수 있다. 흑1로 좌변을 지키면 백2로 걸쳐 하변에 좋은 모양이 형성될 조짐이다.

7도(백, 좌변 파괴)

이번에는 흑1로 하변을 견제하면 백2로 좌변을 파괴하며 a의 다가섬을 노릴 수 있다.

7도

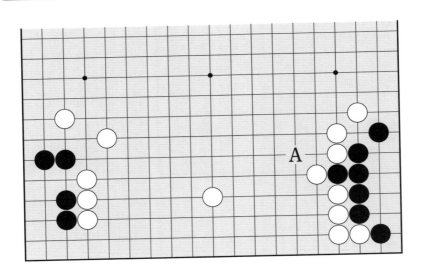

▨ 실전 테마

하변에 백의 대모양이 형성되고 있다. 이대로 방치해 백 A 정도로 지키기라도 하면 세력의 골이 깊어져 침투가 불가 능할지도 모른다. 모양의 약점을 이용해 흑은 대모양을 어떻게 파괴하는 것이 효과적인지 생각하며 맥점을 읽어본다.

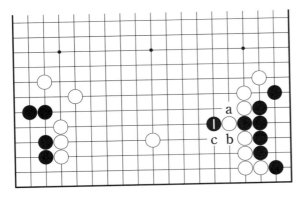

1도

1도(모양 파괴의 맥점)
일단 흑1의 껴붙임이 모양 파괴의 맥점이다. 백이 지키지 않았던 곳이므로 응징한다는 의미도 있다.

그러면 백은 a~c의 응수를 생각할 수 있다.

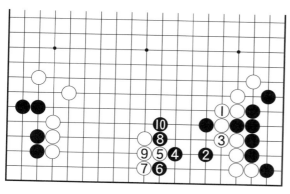

2도

2도(흑, 하변 진입)

백1로 위를 이으면 흑은 2, 4로 맥을 짚으며 자연스럽게 하변에 진입한다.

이하 10까지 진행되면 흑은 하변에 터를 잡고 수습에 성공한다.

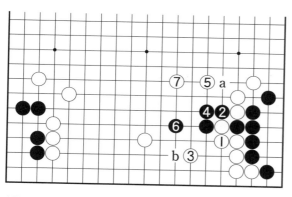

3도

3도(기세의 끊음)

백1로 아래를 이으면 흑2의 끊음은 일단 기세이다. 그러면 백도 3으로 하변을 지키고 5로 중앙을 추격하는 것이 행마의 요령이다. 다음 흑6은 변과 중앙을 맞보는 행마인데, 이때 백은 7로 계속 추격하기 어렵다. 당장 a와 b의 맛이 강력하기 때문이다.

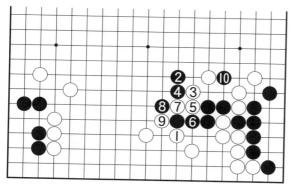

4도

4도(백, 곤란)

따라서 백1의 하변 지킴이 우선인데 흑은 2로 진출하는 흐름이 좋다.

이때 백3 이하 9로 끊자고 덤벼도 흑10의 건너붙임이면 백이 곤란한 모습이다.

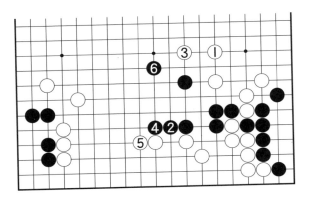

5도

5도(흑, 중앙 진출)

그렇다면 백은 1, 3으로
자신부터 지키면서 추격
하지만 그 사이 흑은 6까
지 진출해서 불만 없다.

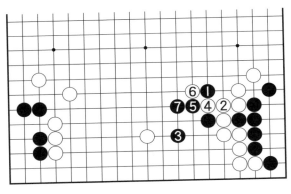

6도

6도(하변 진입 방법)

거슬러 올라가 흑1로 끊
지 않고 두는 방법도 있
다. 그러면 백2의 이음을
유도해 흑3으로 하변 진
입이 가능하다. 백4, 6으
로 추궁해도 흑7로 견딜
수 있다.

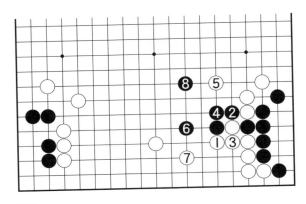

7도

7도(흑, 중앙 진출)

처음으로 돌아가서 백1의
호구는 하변을 확실히 지
키겠다는 뜻이다. 그러면
흑2로 단수한 후 8까지의
진행이 예상된다.

역시 흑이 중앙에 진출
하는 데는 문제없다.

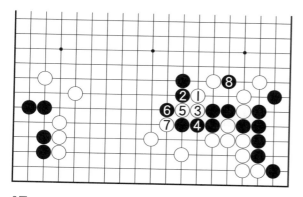

8도

8도(역습)

여기서 만일 백1 이하 7로 강하게 끊어오면 4도에서 보았듯이 흑8의 건너붙임이 상대의 후방을 역습하는 맥이다.

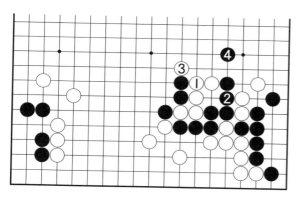

9도

9도(흑, 성공)

그러면 백은 1, 3으로 연결을 허용하며 중앙이라도 공략하게 되지만 흑이 4로 우변을 장악하면 성공한 결과이다.

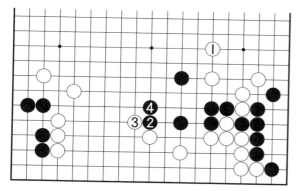

10도

10도(흑, 충분)

따라서 7도 다음 백1로 지키는 정도인데 흑2, 4로 중앙을 보강하면 충분한 흐름이다.

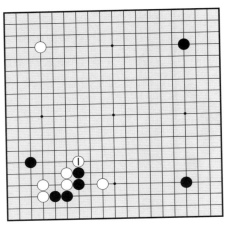

▨ 실전1 (흑 차례)

좌하 모양은 화점 협공정석에서 파생된 변화이다.

백이 귀의 수비를 생략하고 1로 젖히면 흑의 대응책은 무엇인지 생각해본다.

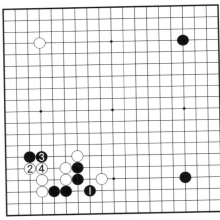

참고도 1(백의 주문)

흑이 지레 겁을 먹고 1로 하변을 보강하면 백2, 4로 귀를 튼튼히 지키기만 해도 양쪽 흑이 급해진다. 백의 주문이었다.

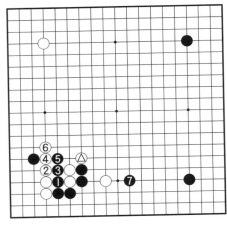

참고도 2(백의 가치 상실)

일단 흑1로 상대 약점을 응징하러 나가야 한다. 이때 백2 이하로 슬슬 물러서면서 한점을 품으며 4선의 실리를 챙기는 것도 경우에 따라 유력하지만 지금은 상황이 다르다. 이하 7까지 되면 흑 모양이 너무 좋다. 무엇보다 백△가 쓸모없다는 데 문제가 있다.

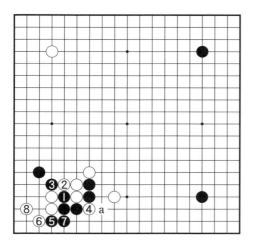

참고도 3(서로 기세)

따라서 흑1, 3과 백4의 끊음은 서로 기세이다.

여기서 흑5, 7의 선수 활용이 중요한데, 다음 흑a로 즉각 몰아 잡으려 하면 곤란하다. 중앙 흑 두점이 오히려 축에 걸리기 때문 이다.

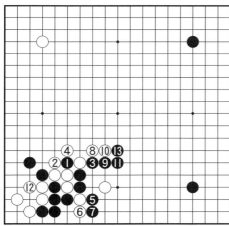

참고도 4(흑, 충분)

따라서 흑1, 3이 일단 축을 방지 하는 맥이다. 백4에 비로소 흑5, 7로 잡는 것이 수순이다.

그러면 백은 8, 10을 결정한 후 12로 귀를 지켜야 하며 흑13 은 중앙 요소이다. 이 결과 서로 좌변과 하변에서 움직이는 맛이 있다 치더라도 흑이 약간이라도 더 두터워 충분한 국면이다.

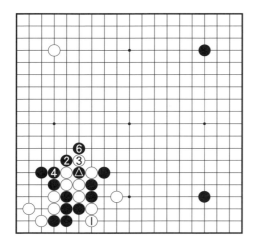

참고도 5(축)

앞 그림 흑3 때 백1로 하변을 잡 자고 덤비는 것은 성급한 행동이 다. 그러면 흑2, 4로 돌려침이 중 앙을 조이는 교묘한 맥이며 다음 6이면 백이 축에 걸린 모습이다.

(⑤…▲)

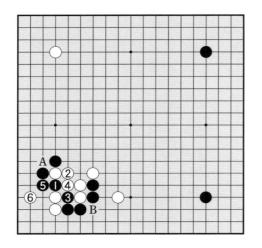

■ 실전2 (흑 차례)

이번에도 화점 협공정석에서 파생된 변화이다. 흑1의 단수에 백2로 즉각 이으면 흑3, 5의 절단은 당연하다.

백은 6으로 귀를 지키고 나서 A와 B를 노리겠다는 뜻이 강한데, 흑은 상대의 변칙에 간명한 대응책을 생각해본다.

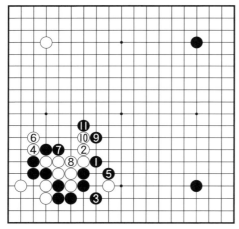

참고도 1(중앙 두터운 압박)

흑은 하변 1을 선수한 후 3의 지킴이 우선이고 백4의 끊음은 필연이다. 이때 흑5의 보강은 두터운 자리이다.

여기서 백의 갈등인데, 6으로 변을 보강하면 흑7 이하 11까지는 중앙을 압박하는 맥의 수순이다. 흑이 제법 두터운 국면이다.

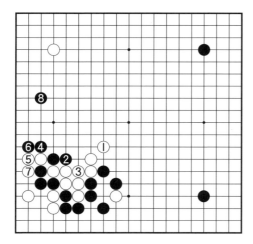

참고도 2(흑, 충분)

앞 그림 흑5 때 백1로 압박을 당했던 그 자리로 진출하면 흑은 2 이하 8까지 좌변에 보기 좋게 자세를 잡아 충분한 국면이다.

바둑 일류의 심오하고 창조적인 판세 읽기

진격의 중반전
352쪽 | 목진석 감수 · 이하림 편저
바둑의 드라마틱한 중반전에 프로 일류는 어떻게 판세를 읽어가는가? 프로 고수의 실전보에서 재료를 발췌해 중반의 긴 과정을 따라가면서, 형세판단을 곁들여 나타날 수 있는 다양한 장면들을 보여준다.

이기는 바둑 시리즈

01 기본 정석으로 강자가 되어라
272쪽 | 목진석 감수 · 백재욱 지음
귀의 화점과 소목에서 기본적이고 중요한 변화를 익힌다면 정석을 거의 마스터했다고 봐도 좋다. 그러므로 바둑에 강해지려면 화점과 소목의 기본정석을 마스터하라!

02 기본 포석으로 승자가 되어라
280쪽 | 목진석 감수 · 백재욱 지음
최근의 포석은 처음부터 공간 전체를 활용하는 발상이 트렌드다. 그 과정에서 치열한 전투가 일어나기도 한다. 그럴수록 기본에 바탕을 둔 포석 감각을 익혀라. 그것이 안전하게 이기는 길이다.

03 기본 행마로 감각을 키워라
272쪽 | 목진석 감수 · 이하림 지음
바둑은 효율이다. 효율적인 바둑을 두려면 부분적인 모양에서의 행마의 길과 쓰임새, 전체적인 안목에서의 급소와 행마법을 익혀야 한다. 이런 행마의 감각을 키워 실전에서 적절히 구사해보자.

04 기본 전략으로 판을 지배하라
272쪽 | 목진석 감수 · 이하림 지음
정석은 주로 귀의 변화, 포석은 귀를 토대로 한 변의 변화가 핵심이라면, 전략은 중앙까지 염두에 둔 입체적 실전적 개념이다. 그야말로 야전(野戰)이다. 이제 야전의 세계로 들어가 보자.

05 기본 사활로 수읽기에 강해져라
272쪽 | 목진석 감수 · 이하림 지음
전체 판을 주도하려면 부분전투에 능해야 하고 그런 능력을 키우려면 수읽기에 강해져야 한다. 사활은 그 첩경이다.

06 기본 맥점으로 수보기에 강해져라
272쪽 | 목진석 감수 · 이하림 지음
바둑 한 판의 과정에는 다양한 맥이 숨어있다. 이런 맥을 찾는 학습으로 수를 빨리 보는 힘을 기르면 판의 급소를 읽으며 각종 전투에서 승리할 수 있다.

07 기본 변칙수로 위기를 돌파하라
272쪽 | 목진석 감수 · 이하림 지음
바둑은 정석대로만 두어서는 이길 수 없다. 그 과정에는 온갖 변칙적인 수법이 도사리고 있다. 이런 위기를 극복하고 살아남으려면 불의의 변칙수를 응징하고 때로는 상황에 맞는 정의의 변칙수를 구사해 어려운 판세를 돌파해야 한다.

08 기본 끝내기로 판을 뒤집어라
272쪽 | 목진석 감수 · 이하림 지음
바둑은 마라톤과 같아서 단번에 승부가 나지 않는다. 종반 역전의 짜릿함을 맛보려면 불리한 국면이라도 무모한 행동을 삼가며 때를 기다리는 인내심이 필요하다. 그런 절대 기회가 생겼을 때 끝내기의 묘미로 판을 뒤집어보자.

왕초보 바둑 배우기 시리즈

왕초보 바둑 배우기 1. 입문하기
240쪽 | 조창삼 지음
바둑을 처음 접하는 분들이 배워야 할 규칙과 기본 기술을 이해하기 편한 대화 형식으로 거침없이 풀었다. 1권을 마치면 누구랑 두어도 당당할 것이다

왕초보 바둑 배우기 2. 완성하기
240쪽 | 조창삼 지음
'입문하기 편'을 마친 분들이 배워야 할 부분 기술과 행마를 이해하기 편한 대화 형식으로 거침없이 풀었다. 2권을 마치면 부분 전투에 자신이 붙어 바둑의 묘미를 느낄 것이다.

왕초보 바둑 배우기 3. 대국하기
240쪽 | 조창삼 지음
'완성하기 편'을 마친 분들이 배워야 할 초반의 포석, 중반의 전투, 종반의 끝내기 등 바둑의 한 판 과정에서 필요한 핵심 기술을 초심자의 눈높이에서 보여준다.

| AI 최강 바둑 시리즈 |

최강 입문

인공지능 바둑시대 원리를 알고 파헤쳐 단숨에 바둑 두기! 초급자도 생각의 틀을 잡는 필독 입문서!

01 **규칙편** 264쪽 | 이하림 지음 · 진동규 감수

02 **기술편** 264쪽 | 이하림 지음 · 진동규 감수

최강 정석

인공지능 바둑시대 정석에서 진화된 수법 총정리! 혁신적인 AI의 안목으로 고정관념을 깨라!

01 **화점 기본편** 320쪽 | 이하림 지음 · 김일환 감수

02 **화점 협공편** 276쪽 | 이하림 지음 · 김일환 감수

03 **소목 정석편** 304쪽 | 이하림 지음 · 김일환 감수

최강 포석

인공지능 바둑시대 포석에서 진화된 수법 총정리! 혁신적인 AI의 안목으로 고정관념을 깨라!

01 **화점 포석편** 320쪽 | 이하림 지음 · 김일환 감수

02 **소목 포석편** 320쪽 | 이하림 지음 · 김일환 감수

최강 전투

인공지능 바둑시대 국면을 주도하는 능률적 전투 요령! 혁신적인 AI의 안목으로 고정관념을 깨라!

280쪽 | 이하림 지음 · 김일환 감수

| AI 바둑 핸드북 시리즈 |

바둑 입문

원리를 알고 파헤쳐 단숨에 바둑 두기!

01 **기본 규칙** 160쪽 | 이하림 지음

02 **초보 사활과 수상전** 160쪽 | 이하림 지음

03 **초보 기술과 끝내기** 160쪽 | 이하림 지음

04 **초보 행마와 운명** 160쪽 | 이하림 지음

화점 정석

AI시대 정석에서 진화된 수법 총정리!

01 **3三침입 · 날일자 수비** 176쪽 | 이하림 지음

02 **한칸과 눈목자 수비 · 붙임 · 양걸침** 176쪽 | 이하림 지음

03 **한칸 공격** 160쪽 | 이하림 지음

04 **두칸과 세칸 공격 · 수비 후 공격** 160쪽 | 이하림 지음

소목 정석

AI시대 정석에서 진화된 수법 총정리!

01 **낮은 걸침 이후** 172쪽 | 이하림 지음

02 **높은 걸침 이후 · 외목과 고목의 핵심** 176쪽 | 이하림 지음

화점 포석

AI시대 포석에서 진화된 수법 총정리!

01 **양화점에서 기본과 능률** 160쪽 | 이하림 지음